臺灣在地跨文化研究與多元認同

學者與巫的相對論　首部曲

倪淑蘭　著

目錄

摘要（本書簡介）

　　臺灣擁有多元族群與多元文化，在邁向現代化與全球化的過程中，各族群產生更多的互動與連結，族群認同也益趨多元。然而在現實生活與文獻中卻顯示，族群認同存在著許多張力，無論是漢人三大族群或原住民族彼此之間、族群內部均存在許多未解的衝突。這些衝突導致政治處境、人民認同的尷尬，進而有礙國家實力的積累。近年關於認同的議題較多出現在政治學、社會學、新聞學、人類學等領域，本書則以戲劇研究的視角出發，結合跨領域方法審視上述議題，包括心理學、神話學、神學、符號學等，並提出新的研究方法「文化構作」，進行臺灣在地跨文化研究，以爬梳臺灣多元族群的認同議題。

　　本書聚焦於漢民族與原住民族的認同，以及被多數文獻忽略的多元認同議題。希冀藉由跨文化研究的視角，顯示兩大族群之認同並非毫無交集的平行線，甚至可能因而交融產生新文化。不同族群之間因過往歷史因素，彼此產生許多誤解與對立，造成人民對認同的張力，本書希冀藉由釐清雙方在族群與文化上的誤解，逐一建構在地文化的優點，成為人民建構認同的厚實基底，進而進行多元文化的對話，產生有創意的新認同。

關鍵詞：臺灣在地研究、文化研究、文化構作、族群認同、原住民認同、多元認同。

作者簡介

　　倪淑蘭，現為臺灣藝術大學跨域表演藝術研究所客座副教授，臺灣戲劇暨表演產業研究學會監事；美國德州理工大學跨領域藝術研究博士，在校期間曾獲多項獎學金，擔任戲劇與舞蹈學系、哲學系兼任講師，因優異之學業表現與服務由學校推薦加入美國年輕學者學會、獲頒戲劇與舞蹈學系最佳戲劇顧問獎；回臺曾擔任國科會計畫主持人，於多場國內外研討會以中英文發表論文，劇評與論文收錄於各報章雜誌與學術期刊；主要研究領域包括：舞蹈劇場、跨領域藝術研究、戲劇評論、戲劇構作、戲劇與文化研究、臺灣原住民研究；曾任臺東大學南島文化研究所專任助理教授、臺灣藝術大學表演藝術研究所專任助理教授，曾擔任臺灣舞蹈研究學會理事、臺北市文化局表演團隊審核評審、原住民族電視臺單元劇評審；創立混沌劇團擔任團長、編劇與導演，混沌劇團於二零二一年由電影研究學者列為參與九零年代臺灣跨領域現象之表演團體；2020 年與上智文化合作之專輯《邀・與祂共舞》榮獲第三十一屆傳藝金曲獎最佳宗教音樂專輯。近期研究方向為展演與認同、敘事力與跨領域研究，並於 2022 年結合文化研究與戲劇構作方法提出「文化構作」新理論。

自序：祖靈的召喚與覺醒

Two roads diverged in a yellow wood…, and I,
I took the one less travelled by, and that has made all the difference.

-Robert Frost, "The Road Not Taken"

在我眼前的金黃樹林，出現兩條叉路……而我，走上了人煙稀少的那條路，那造就了迴然不同的結果。

——美國詩人 Robert Frost，〈未踏上之路〉[1]

　　身為學者，我踏上了有別於絕大多數學者的路徑，不但峰迴路轉，更在我的計畫之外。也因為如此，接觸了常規無法探測的場域，更改變了我對學術與文化的看法，這種歷程猶如覺醒：包括學術的角色、亦包括在地各族群之間的關係，深刻認識到學術與現實之間的鴻溝，以及學術可能對文化帶來更大的效益，為臺灣的表意實踐與族群關係產生更具創意的表達。首先，我們必須認清，關於族群的各種成見及偏見長期以來阻礙了我們對文化的認知，進而左右國家實力的積累。我幸運地擁有原住民及漢人的血統，兩種相異的文化本該相得益彰，豐富彼此，然而實際上，原住民文化長期受到誤解而面臨凋零的危機，漢文化也因內部三大族群的認同紛擾而無法發揮真正實力。許多與我有相似背景的民眾，更是在成長中因歧視而產生

---

[1] 中文為筆者翻譯。

認同錯亂。我曾經試圖以純學術角度研究這類議題，但終究意識到人不是機器，純理論無法完全深入生命課題，難以處理認同錯亂帶來的內在糾葛。而這種糾葛歷歷反映在臺灣各族群無法針對認同好好對談的景況。人有理性，更有感性與精神面，無法切割。但學術界長期以來重理論而輕精神面，切割式的失衡無法完全處理內在議題。幸而近年學術界已有前驅性的論述，不僅駁斥分析式的理論產生的瓶頸，更希冀發展出理性與精神面並重的方法論，對象牙塔式的學術研究帶來衝擊、挑戰，以及新願景。

這些先驅的研究為我提供新的視角，並支持我深入自己的認同經驗，而這些經驗能和廣大的民眾生命經驗有所連結，能為尚未被重視的精神層面闢出新的研究場域；如此反而跳脫制式化的研究而開拓出新方向，不再複製西方理論與研究議題，而是與在地的大眾生活有所連結，因而在本書提出新的研究方法，整合我長期浸淫的西方理論，更希冀對在地文化有所貢獻。

我人生的轉向與書寫本書的契機和多年前的田野調查相關。一趟知本部落（現稱卡大地布）的田野調查逆轉了我人生的走向。生平第一次接觸到的除喪祭，不僅讓我對原住民祭典大為驚豔，更開啟一連串痛苦的覺醒。何以從小到大的教育體系以及媒體資訊充斥原住民是低劣民族的謊言？然而我親眼見識到的祭典卻是這樣優雅美麗？真相與謊言之間巨大的落差是怎麼造成的？我震驚地意識到自己一直活在他人的謊言中，甚

至以此建立認同。[2]我過去依照主流社會價值觀打造的世界開始分崩離析。尤有甚者，我不解何以學術界關於原住民的研究無法鬆動民間對原住民文化的誤解？這當中的落差為何存在？種種的困惑甚至是失望令我毅然遵循內在的呼喚，離開學術界。當我卸下掐入骨髓深處的學者鐵甲衣，卡住的生命氣息開始流動。放下以學問睥睨一切的態度，喚起生而為人的直覺，踏上覺醒之路。

在動筆書寫本書之前，我歷經十年武功盡廢的階段，僅能謙卑地接受內在生命的轉變，無法書寫制式化的論文。[3]根據原住民的傳統說法，被祖靈召喚成巫的跡象之一是生病，雖然我不是被召喚成巫婆，但十年武功盡廢彷彿是生病，我的學術功能不能正常運作。我意識到自己的確是生病了，我生的病是「種族歧視病」以及相關的後遺症。祖靈要我專心養病，並滿足我對祖靈的孺慕之情。同時，原住民的祖靈信仰培養族人對祖靈訊息的敏感度，雖說每個人與祖靈的聯結有強弱之分（陳政宗2007 訪談），但我們被賦與傳達祖靈訊息的責任，這個訊息即是：靈性文化的重要價值。在我身上實際發生的效益即是知本部落祭儀對我進行的「除喪」：種族歧視造成的內在世界偏差與靈性生命的死亡，進而「除舊布新」：化解種族歧視造成的後遺症、改變舊習性、展開新視野。

---

[2] 法國哲學家拉圖曾說：「現代世界充滿騙子。」Latour, B.著，余曉嵐、林文源、許全義譯，2012，《我們從未現代過》。臺北：群學。頁125。

[3] 在這期間僅發表的兩篇會議論文出自友人邀請或與知本有關，當時深知自己已失去以往的書寫功力。

此時，曾經放下的學術之路為我展開新意：如何讓理論跳脫框架，不是象牙塔式的論述，而是產生有益人心，開拓生命的效益。這段追尋真我之旅不僅是我個人生命的整合，更是關於臺灣族群衝突的探索，以及由此而牽涉到更深、更廣的生命與歷史議題。此時回首，覺醒之旅的種種震撼已然平息，但過程中的翻騰讓我體會到情緒對認同產生關鍵性的影響，進而可能主導論述。過往的歷史不會隨著時間消逝而自動淡化，我們需要正視情緒對認同產生的影響，這是目前討論臺灣認同比較被忽視的面向。[4]族群議題看來龐大，卻能從個人的認同層面得到啟發。我出身於學術界，更因此關心起教育體系對於族群形象與認同議題所當負起的責任。

　　假使個人能整合自我認同而產生新的視野與力量，那麼範圍更廣的族群書寫，必能產生更大的影響力，使臺灣跳脫族群抗爭的內耗狀態。臺灣因陳年往事、時代變遷等種種挑戰造成族群衝突，不僅影響國家發展，更拉扯與對岸及國際對話的能力，亟待振作與突破，需要各領域共同面對，從歧視中覺醒，學習以新的眼光看待彼此，進而發現對方的長處，才能蛻變與進步。我歷經過轉變，深切體會到當人找到動機與方法時，是能夠改變心態與行為，進而正面地影響周遭。

　　我若是沒有歷經知本田野的經驗，將無法意識到自己有限的視角，更遑論有所突破。臺東知本部落的除喪祭令我頓悟超

---

4 此處的臺灣認同並非狹義或等同於臺灣獨立，而是在臺灣境內討論的各種身分認同與論述。

自然力量的存在、人類的渺小以及學術框架將超自然描繪成迷信與禁忌的問題。需要改變的是我們的視角，人類必須意識到有比我們更強大的存在，面對無垠的宇宙我們需要無比謙卑。而這種認知需要反映在擴大學術論述的方法與視野上，這是身為學者必須有的覺醒與認知。如此，學術論述將能連結常民的生活，發揮更大的效益。而臺灣學者身處獨有的超自然文化中，如何走出與西方不同的論述，是得天獨厚的機會。

　　書寫本書的動機來自於知本除喪祭的啟發。祭儀開啟我以新的視角看待族群議題，族群不限於種族，更涵蓋以宗教與信仰建構的群體。從某種層面來看，長期未解的衝突猶如將族群引向「死亡」的關係，需要進行「除喪」。狹義來說，本書是我的田野筆記的擴充，除了紀錄除喪祭的效應，更整理祭儀如何影響我反省身為原住民、漢人、學者、天主教徒，在這塊土地當人的參與觀察心得；廣義來說，這是臺灣在地的跨文化研究，爬梳上述族群的認同觀以及對文化的影響。知本部落文化的全貌不是我以一本書所能涵蓋，本書的首要目的在於讓讀者見到知本祭儀對我產生的啟示如何遍及各個層面，進而闡述理解原住民文化牽涉到臺灣各族群認同的相關性。而祭儀背後的主角們：拉罕、巫師與族人，若要將他們書寫進來，其篇幅之大必需另外成書詳述，因此將本書命名為「首部曲」。

　　這本小書獻給改變我生命的知本祖靈、知本部落、以及知本天主教教會。

致謝

感謝在天上的爸媽

來自大陸安徽省的倪常彬先生

屏東縣瑪家鄉北葉村董菊惢女士

他們給了我最重要的資產：愛與信仰

感謝知本部落的祭儀改變我，給予我身為原住民的尊嚴與踏實，更滿足長期以來文化養分上的匱乏。特別感謝知本部落三位家族的拉罕：林茂盛先生、林文祥先生、陳政宗先生以及族人。

感謝費道宏神父與曾建次主教的遠見，記錄了祭典的一切，族人得以依據重建失落的文化。也謹在此紀念兩位長老，他們留下的創作成為後代子孫的資產：建蓋知本教堂、擅長古謠的盧華昌長老，以及我的部落爸爸、永遠的森林王子林振春長老，感謝他將我收為義女。在此一併感謝他的家人：義母林秋蓮女士，[1]義妹林灑月與姪女林芸蔓。還要感謝我稱為舅舅與舅媽的林茂盛拉罕與謝瑪莉夫人。感謝接受訪談的尤二郎長老、盧英志母語老師、陳淑美母語老師、鄭一郎老師等人。[2]感謝原住民運動先驅、所有為提升族群平等的人。感謝以歌聲引

---

[1] 義母已於 2022 年 11 月過世，在此藉本書一角紀念義母生前的恩情。

[2] 也要感謝和我分享故事的族人，他們的名字會出現在各章節。因本書的需要與時間限制，僅能先訪談幾位族人，未來將視主題會進行更多訪談。

導我踏入知本部落的桑布伊（盧皆興），沒有當年的相遇，就不會有本書的誕生。

要感謝的還包括這段期間諸多朋友的鼓勵，特別是柯妃、張雅惠、林美惠。

更要感謝我的家人：姊姊倪淑萍及弟弟倪樹金一家人的支持，他們的鼓勵成為我最大的支柱。

而能夠完成此書，特別要感謝在美就讀 Texas Tech University 博士班時許多恩師的栽培，教給我研究與書寫的能力，他們對學生慷慨的付出與熱情，我無以回報，只能藉此書一角獻上感謝。尤其深深感謝我的博士論文指導教授哲學系 Dr. Daniel Nathan，他不但引我進入哲學世界的奧祕，並在我博士班最後一年提供哲學系獎學金、感謝教我戲劇評論的 Dr. Dean Wilcox 教授，他示範了理論與實務的結合，並在離開 Tech 之後還無償給我的博士論文提供意見、感謝教我三年現代舞的 Miss Diana Moore，她鼓勵完全沒有舞蹈基礎的我，激發我對舞蹈研究的喜愛；還要感謝為我提供各式獎學金，並栽培我戲劇構作能力的 Dr. Jonathan Marks。還有許多恩待我的老師一併在此感謝。

最後要感謝臺灣藝術大學跨域表演藝術研究所所長陳慧珊教授，因為她的督促，我得以加快完成本書，並將研究內容運用在相關課程，達到學術與生活連結的目的。

前言：學者與巫的相遇

　　博學的學者和神祕的巫展開驚天動地的對話，對人類的前途提出前所未有的洞見，該是令人多麼驚喜的事、多麼令人期待的奇蹟。然而，這樣的事尚未發生，或者說，有情況妨礙了本該早已誕生的美好創見。我以學者與巫代表臺灣漢民族與原住民族兩大族群，[1]若以對話比喻這兩種文化精彩的過招，誕生新的組合，該是多麼令人期待的事！然而實際狀況是，學者困於認同之戰、瑣事纏身，巫面臨凋零的危機。

　　或許有人會質疑：當今原住民已經擁有更多的話語權、傳統藝術受到重視，有更多展現的空間，相關研究越來越多，今日原住民的地位已經不可同日而語。但其實這些機會衍生出新的挑戰，我在後文會有引證。但我們無須絕望，正如英國詩人華茲華斯（William Wordsworth 1770-1850）的詩 "Splendor in the Grass" 所述：「即使再也沒有辦法挽回芳草長青，花兒常艷，且莫哀傷，但從僅存中獲取力量。」[2]我們所擁有的是現在，我們回不到過去的伊甸園、昔日的童真，但接受現況，卻能產生面對現實的力量。在意想不到之處，學者與巫的對話開始灑

1　亦有學者以社會學將臺灣族群分爲「四大族群」：「（原住民、臺灣客家人、臺灣閩南人、外省人）。」同時也提及必須注意「『四大族群』說法的情境性與變異性」，參王甫昌，頁6。
2　原文請參考以下網址 https://100.best-poems.net/splendor-in-the-grass.html。擷取日期 2021/12/8。

下微小的種子，努力突破荊棘與險境，終有豐收的一天。

　　本書以學者與巫代表兩種文化形塑的認同，臺灣近年因族群議題不時爲國家帶來緊張，更有甚者，宗教在認同課題上有時也火上加油。我衷心希望，正如本書書名所標示的，學者與巫能增進對話，雙方文化能爲認同帶來新的天地，爲許多因認同而遭受撻伐的人，無論是因爲族群或宗教因素，能帶來平安。

書名釋義

　　學者與巫的合作成就了本書，缺一不可。[3]書名包含三個層面。第一，學者與巫的相遇開啓一連串的覺醒過程。我因爲國科會研究案〈再現與認同：論原住民他者形象之複雜性〉而需要進行田野調查，在研究助理的推薦之下，聽了生平第一場的原住民演唱會，桑布伊（漢名：盧皆興）以古謠建構的祖靈世界，是人、自然、宇宙合爲一體的場域，他以毫無音域限制的歌聲引領人進入高峰經驗。在他的引導之下，我和助理們踏入知本，遇見一生難忘的除喪祭，成爲生命的不歸路。桑布伊猶如祖靈派來的「使者」，他的歌聲所蘊含的神祕力量讓他有資格被稱爲「巫」，因此我認爲和他的相識是學者與巫的相遇。書名記錄這場學者與巫的相遇，開啓之後撰寫本書的契機。

　　本書主要以知本部落爲例，論述以靈性爲核心的文化，何

---

[3] 巫、巫師、巫婆、巫術等詞在漢文化的脈絡之下時常遭受誤解，備受負面成見。本書使用巫或巫師一詞的意涵參考 Anton Quack 所著《祭師、治療者、薩滿？卑南族卡大地布之巫 pulingaw》：「……是傳承當地文化與儀式知識的重要人物。」（Quack，頁 iv）

以對臺灣人建立新認同會是重要的啟發。我將個人經驗擴大至詮釋族群的蛻變與重生：臺灣經過歷史的創傷，如何在精神上需要歷經類似除喪祭的除舊布新，展開新生命，是重要的課題。從人類學的角度看我個人這個歷程，可以說是田野筆記的發揮，而有別於一般田野筆記的作法是，作者與紀錄對象是同一人。

　　第二，學者與巫象徵我的兩種身分認同：父親來自大陸安徽省，母親是屏東縣排灣族人氏。過去因傳統教育的錯誤，使得這兩種認同彼此充滿衝突。從小到大，不乏有身邊的人問起我究竟是外省人或是原住民，又或甚至直接將我歸類為原住民，即便我個人認為我兩者都是。近年我從文獻或是一些訪談中得知，遇見類似上述干擾的大有人在，何以國人認為認同只有一種呢？或是血統是唯一的認同依據？循著這種心態歸根究柢，將挖掘出更深層的因素。這種衝突發生在許多人身上，至今仍是進行式。我個人歷經兩種血統整合的心路歷程，明白多重認同是可能的，甚至對文化能產生新的見解。因此學者與巫不僅象徵我個人的兩種血統與認同，也代表臺灣兩種文化與族群可能產生的彼此認同。

　　第三，學者與巫各有擅長，若能結合雙方的力量，將為臺灣誕生無比珍貴的新實力。我選取這兩種角色象徵臺灣兩大族群的文化，因為最熟悉這兩者，新住民、商人、藝術家等各種身分都有值得論述之處，但卻超越我個人目前的能力，因此無法納入本書範圍。我以學者代表漢文化的論述力量，以巫代表

14

原住民文化的精神能力，雙方攜手建立對談，藉以提升消沉的臺灣能量。學者需要巫突破有限的框架，發揮人性的觀點，巫的世界觀透過學者的整理與詮釋，能具體再現獨特的文化體系，進而源源不斷地傳承延續。因此，學者與巫不僅是我個人兩種身分的整合，亦代表臺灣兩種價值體系的對話與重生。當然，這種劃分是為了進行論述而不是截然的二分法，因為有深具學者氣息的巫，也有具備巫力量的學者。

當兩大族群能開始對話，定能在對方身上發現長處以補充自己的不足。學者與巫的合作相輔相成、相得益彰。學者與巫的合作能醫治心靈萎靡、認同錯亂，提供生命力，使生命興盛。臺灣小而美，以當今跨文化的角度來看多族群的共處是個優勢。**漢人與原住民互相學習將能使彼此在能力上、在世界觀上更加完整。**多族群組成的國家早已是事實，族群之間的差異可以成為資源，例如源自非裔美國人的爵士音樂，不僅豐富西方的音樂語彙，更進而成為各國學習的藝術。原住民與漢人的文化組合能創造出世界其他文化不具有的獨特內涵。認同的取得不單僅靠抗爭，亦能經由創造性的表達而產生。

跨文化合作需要眾人長期的努力，諸多在此領域耕耘多年的學者、研究生、族人已立下重要的根基。我無法以一本書涵蓋豐富的漢文化與原住民族文化，僅以本書先處理我在這些年領悟的幾個關鍵議題，因此將本書主標題取名為《學者與巫的相對論首部曲》，日後再循序漸進地針對各議題單獨成書。

以學術術語來說，這是一本關於「文化與認同」的書，以

非學術語言來說，這本書探討「自己是誰、人是什麼」的基本議題，當個人由這個核心抽絲剝繭循序漸進地探索下去，會發現人的出生背景、能力、身分、渴望，勾勒出更大的願景，與人類歷史的發展息息相關。臺灣的認同議題，其實牽涉到更全面的生而為人的「認同」議題。

撰寫本書的過程也讓我深刻意識到自己對於漢文化與原住民文化認知的稀薄。除了在課堂上學到的一些知識外，對於這兩種文化如何支撐我生而為人，卻是認識不足的。例如，對於經史子集的內涵、史記、怪談的欣賞，只停留在課堂上的印象，如何內化成生活的實力，運用在面對挑戰與開創新局卻是個大問號。這不僅是我個人的問題，更是許多人的經驗。[4]因此本書也是我的懺悔：缺少深厚的文化基底嚴重影響認同。對文化認知稀薄，可想而知建立在其上的認同也岌岌可危。重新看出古老文化的新意，使之復活是後代子孫的本事，不能停留在責怪歷代祖先的不光彩。缺少文化的實力反映在面對政治議題時缺少創意與動力，認同的課題不僅是政治難題，更是深層的文化議題。文化牽涉到認同，更是一國的實力基底。[5]面臨挑戰正是整理文化的契機，同時要承認以下的現實面：文化存在於經典

---

[4] 我曾在 2021/02/06 和友人對話，一個三十代，一個五十代，都有碩士學位，他們慨歎地提到：文化與教育沒有教我們如何當人，而這樣的觀點時而在生活或媒體中出現。

[5] 參考耿一偉（2024/2/1）〈文化是什麼？文化就是阿嬤。〉：「文化是用來創造自我認同。臺灣是有文化認同危機的國家，對這個根底不夠了解，臺灣就沒辦法發展出自己的文化。」
https://artouch.com/artcobooks/content-131520.html 擷取日 2024/2/12。

與生活中，每個人對文化的理解不一、實踐有別而造成落差、更有對文化傳承上職責的差別。文化亦是好壞兼具，多重面向，爬梳文化是浩大的工程。僅以本書作為我個人臺灣跨文化研究的初探，開啟往後更深入與全面性的研究。

第一章　緒論

問題意識

　　在書寫本書的過程中，我意識到認同是生而為人的核心，有穩固的自我認知，方能在生活中做出好的決策，管理好人生。看起來是老生常談，在現實生活中卻可以清楚看見，認同議題的錯亂造成許多社會與政治糾葛，將個人與群體都席捲進來。在爬梳文獻時，我理解到認同的紊亂不僅牽涉族群課題，更與宗教議題密切相關，而政治局勢更使認同雪上加霜。然而政治議題只是冰山的一角，甚至是配角，被遮掩起來的是更關鍵的文化模式。我希望從文化的角度來探討認同：文化如何造就個人、決定族群。認同是生存的核心，無論將來政治局勢如何轉變，若不從文化的角度來思索人民的深層模式，人與人之間的霸權與宰制只是換個方式存在，離真正的自由與尊嚴還有非常遙遠的距離。與此同時，臺灣在地的族群關係也亟需整理，若境內的族群認同是紊亂的，對外的關係與政策怎可能清明？與他人的互動建立在自己的定位，因此先處理本身的認同是關鍵。

　　關於認同最大的挑戰是無法意識到的迷思：第一，我們自以為對他者族群的認識是透澈的，因而可以對他者品頭論足，一語定其終身。這不單發生在原住民族身上，漢人的三大族群也時常不放過彼此，如此一來，有那個族群的認同能為其帶來安身立命的穩妥，進而與他人平等相處？第二，另一個更大的

18

迷思：原住民的認同與漢人的認同是可以隔開來看的，是互相平行的兩種認同。本書將以祖靈信仰顛覆這個迷思，不僅還原住民傳統文化一個公道，更辯證其如何可能正面影響本地所有族群的認同。這些迷思以訛傳訛，造成多少不公不義的現象，凡受過教育、有良知的臺灣公民，都應當對族群的各種以訛傳訛感到震驚。[1]

　　而這兩種迷思可以聚焦來看：被汙名化的祖靈信仰。當一個族群可以從其根源（其祖先的基因）被否定時，這個族群就是壓根的劣等者。而原住民被不同的外來者：日本人、漢人、某些基督宗教傳教士，異口同聲地論斷為差人一等，甚而背負著非人化的心靈認同。關於這一點已有許多學者、作家、藝術家開始批判顛覆，例如孫大川、胡台麗、施正鋒、謝若蘭、巴奈・母路、巴代、亞榮隆・撒可努等。[2]關於認同的扭轉每個人都有他們的轉捩點，而我的轉捩點是來自於接觸知本的部落祭儀。正是這些深受誤解的祭典，為我帶來天崩地裂的認同翻轉。更令我震撼的體悟是，認識祖靈不僅關乎我個人認同、原住民的認同，更可能為臺灣紛紛擾擾的國家認同議題帶來新視野。

　　本書從原本的私人心路歷程手札轉而成為一本關於認同與文化研究的論述。以帶有自傳的色彩加入學術辯證，試圖突破

---

[1] 參施正鋒（2018）頁24、26。
[2] 可參考以下文獻：施正鋒、邱凱莉主編（2018）。《轉型正義、基督宗教、解殖民》，花蓮：臺灣原住民族研究學會；丁立偉、詹嫦慧、孫大川主編（2004）。《活力教會：天主教在臺灣原住民世界的過去現在未來》。臺北：光啟文化；胡國禎、丁立偉、詹嫦慧合編（2008）。《原住民巫術與基督宗教》。臺北：光啟文化。

學術理性語言的框架。然而我不是唯一如此做的人,我將在之後章節一一引用前驅的觀點,他們越來越重視個人的生命故事,並努力突破學術僵化的理性語言。而如此做的原因是希望突破學術界長久以來的象牙塔生態,回饋給不斷提供研究素材的現實生活與民眾,正如英國文化研究學者 Ann Gray 所說:

> 而我們必須努力找到進入大眾論述的方法,也就是應該多關注國家認同……青少年文化、流行文本等……倘若我們沒有任何須要對學術外人士說明的東西,那麼,我真的認為我們應該要質疑,我們對自己的時代到底有什麼貢獻!(《文化研究:民族誌與生活文化》頁 287)

又如孫大川針對建構卑南學而提出的建言:

> 傳統不能拿來陳列或兜售,也不能只是拿來研究討論,它必須能夠被活出來,有一個具體的生命和身體作為它的載體。如果卑南學無法協助我們個人向內改變、活出祖先的面容,就不能算是真的成功;同樣,如果卑南學無法重建部落整個生活秩序,也不能算是真正的成功。(頁 10)

這兩位學者的觀點不約而同肯定,研究要努力與現實生活有連結,能帶動生活與文化實質的活潑動力。

然而若要讓認同的議題儘量普及於人民的日常討論中,學術語言勢必要先平易近人,來自於生活中的議題回歸於擁有這議題的尋常百姓,使他們能以自身的經驗、自身的語言回應這

議題。[3]認同是近年國際重要的學術議題，有各種領域的學者以不同理論切入。然而國內外皆有學者認知到理論的有限，發現典型理性的學術語氣造成距離感，需要為認同的論述帶來「溫度」，因認同牽涉到人的情感。事實上，結合半自傳體與理論，筆觸兼具澎湃之情與犀利論述的，已有法農的《黑皮膚白面具》，他為我們開啓了先河。前人的開拓允許我得以用半自傳體的形式，融合理論與體悟，希冀以平易近人的語言探討認同的議題。

美國多元文化經典論述 *Multi-Cultural Literacy* 指出學術語言的抽象與距離感有礙溝通，這也是許多人的經驗。（Introduction xiii）我相信，在這知識焦慮的時代，人類需要更多的溝通而非製造鴻溝。無論何種專業領域，若是攸關眾人福祉的議題，是可以試著深入淺出和「局外人」分享。學術論述不必然僅能以術語和圈內人溝通，而是有潛力蛻變成願意學習者的可親工具，踏實地運用在生活中，為個人生命、族群對話，都能產生效益。個人認同與國家認同一體兩面，小我的認同之路能成為國家認同的縮影。希冀關心國家、族群與個人認同的讀者都能從本書獲得助益。

本書同時試圖以認同的議題讓讀者明白，學術框架限制了論述的可能性，因而需要更具創意的學術態度。在此先舉例說明，我曾和一些學者討論，戲劇與其他表演藝術的特殊性，正

---

[3] 參施正鋒（2006）《臺灣族群政治與政策》頁6「……使用一般人能了解的語言來說明，說服老百姓來參加討論，終究，學術、政治、以及庶民／媒體之間才有真正的對話。」

在於其實踐面，若能結合學術與實踐是很重要的，然而不只一位學者說：「理論就是理論，實務就是實務。兩者不可兼具。」在我們默默堅守這種二分法的時候，歐美學術界早在八○年代歷經五十年的光景，發展出實務與理論兼具的 Practice as Research（PAR 或 PaR）——實踐即研究。另一方面，學術需要前瞻性，不能僅是停留在借助西方理論。[4]我並非鼓勵所有研究者都要兼顧理論與運用，因為有些學者擅長思考而有重大發現，但我認為不能因此侷限其他學者以實務發現重要論述，畢竟戲劇領域充滿這樣的案例，許多導演建構了自己的劇場美學，為後代的藝術家開啟更多的可能性，並剖析戲劇的哲學面與社會面。他們的論述成為新的理論。本書以認同議題出發，希冀印證文化議題需要多方面切入，更涉及學術取徑的拓寬。

研究範圍與限制

　　知本的田野經驗讓我深知自己對原住民文化認知的嚴重匱乏，而原住民民族多達十六族，各族又分成數至十數個部落，人類學家可以窮畢生之力僅研究某個部落的某項文化結構，我深知自己絕無能力進行完整的原住民文化建構，且非本書的目的。同時我必須承認，即使知本的祭典對我產生深厚的影響，我目前也無能力在本書提供完整的分析。以目前關於知本的文獻而言，就能以各個祭儀，例如出草祭、口傳歷史、音樂研究

---

4 不少學者的研究範圍屬於臺灣的議題，不取徑西方理論也做出重要的研究，本書無意對所有學者一概而論，但我們需要更多的在地論述與理論確是事實。

等議題分別成書，我無法宣稱僅以一本書就能掌握全貌。

　　本書一開始是以日記的方式紀錄轉變的心路歷程，五年前開始意識到或許可以嘗試將本書寫成「認同」的學術分析，因此整本書的語氣大幅更改，內容也幾經修改，並且認知到需要以跨領域的方法探討，可謂是極為龐大且艱辛的工程。我深知這些議題若繼續深入下去，都可以獨立成書，且耗費時日。因此我必須將本書的範圍與篇幅設限，以期達到本書最重要的目的：**改變國人對他者族群的偏見，消融成見之後揭示出被遮蓋的文化潛力，進而建立更具創意的認同與表達。**從最根本的「病因」下手，能使讀者由此循序漸進洞察文化的潛力，改變舊認同、建立新認同、創造新的文化實力。而書中關注的面向以及提出的觀察絕大多數來自於參加祭典之後的十數年所沉澱出的成果，即使並非每章節都提及知本部落祭儀的內容，卻以論述印證了知本祭儀對我產生的效力：個人的認同整合、學術專業的深化與轉向。

研究方法：跨領域與統整性的視角

　　認同議題時常可見於政治學、社會學與心理學等領域，而我從個人的歷程親自體會到認同牽涉到許多面向：政治的、心理的、情緒的、宗教的、族群的等等，無法僅從某個學門發展出來的理論來處理，特別是認同牽涉到感情與人際，不是強調「科學」、「客觀」的傳統學術取徑所能全面處理的。本書同時處理漢人與原住民的認同，從文化研究的角度切入，採用以下

方法：符號學、心理學、神話學、神學、田野調查、戲劇理論。以人類學的術語來說，本書是我長期以學者、原住民、漢人、天主教徒的多重身分在這塊土地當人的心得，紀錄我在這些相關場域參與觀察的田野筆記。

　　近年學術界開始意識到跨領域研究的重要性，從涇渭分明的學術專業領域、到象牙塔內外的區隔，這些方式已受到質疑，因爲人類的議題千絲萬縷，已無法從單一領域來面對，必須從多領域來切磋。由此受到正視的是從學術進入非學術領域（甚至這種絕對的二分法都需要商榷），以及從傳統學術語言跨域到文學或其他領域的寫作方式。其中有一類的跨域最具挑戰：超自然領域。這是學術界向來少碰的議題，然而這卻是生活中的事實。雖然人類學記錄少數民族的超自然現象，但跨出這個領域，卻是多數人不會接觸到的議題。事實上，臺灣的某些文化面向與超自然相關，若我們能突破論述的框架及慣性思考的藩籬，我們將能重新看待這塊土地長久以來被忽略的文化寶藏，進而影響認同。

核心方法

　　本書包含我對學術的反思，書中提出的論點不是透過制式化的論文書寫而發現，而是來自於生活的衝擊，以及教學時與學生的對話而來，尤其是關於理論的在地化運用：從文化層面思考理論與現實在臺灣的連結、身爲臺灣學者與西方理論的關係。臺灣學界長期受歐美影響，如何能提出自己的論述是非常

迫切的課題。我們不必然全面推翻西方理論才叫做反學術殖民，因為西方的學術訓練有其優點，重要的是運用之後產生在地觀點，給與理論新的運用面貌，也能回饋給國際學術論壇，畢竟各個領域的學者也形同新的社群，對世界的對話有一定的參與度，進而對更廣的社會與世界產生影響。

前述提到近年歐美新興的研究方法——實踐即研究（PAR 或 PaR），打破過往將實踐與理論二分的僵化框架，提倡表演藝術必須有別於科學領域的研究途徑。其中英國學者 Robin Nelson 提到，教育訓練通常會提供一套可以操作的流程，但「新火花」的產生往往是因為願意冒險涉入「陌生化」的領域（defamiliarization，頁 28），我可以說是在無心中實踐了陌生化。因為一趟踏入知本的田野調查，撼動我多年的價值觀，連帶質疑起學術許多理所當然的框架，進而離開學術界。也因為對學術拉開了距離，反而有機會思索學術與現實生活的關聯。2021 年生命再度峰迴路轉，我重新回到學術界，[5]有機會印證我對學術的觀察，並因此發展了新的觀點，成為我的研究核心，同時能實踐於社會與族群關係，使理論與實踐合一。本書運用的兩個核心方法是**陌生化與文化構作**。陌生化的理論來自戲劇研究，文化構作是我結合西方理論並提出自己觀點的新術語，這兩個研究方法回應了我長期以來的關心：臺灣需要自己新創的學術方法，以處理臺灣在地議題。文化構作是我整合戲劇理

---

5 我重新回到當初離職的臺灣藝術大學，加入陳慧珊教授創立的跨域表演藝術研究所。

論與文化研究而提出的觀念與方法，從文化研究延伸成文化構作，成為我的研究核心。面對文化議題需要有新的角度、視野與方法，因而提出文化構作。[6]

陌生化

　　西方的戲劇研究有許多地方值得我們借鏡。從希臘時期以降至今有許多完整的論述，對於各類劇種提出相關的評論方法，以美學、心理學、社會學、新聞學、人類學等角度探討戲劇與人類的關係，可以說戲劇是非常跨領域的學門。在眾多的戲劇研究方法與理論中，有一種視角貫穿本書的論述：陌生化。這也呼應了上述 Robin Nelson 提出的「陌生化」態度。陌生化（又翻譯成疏離或奇異化，在後文詳述）是一種審視的態度、也是創作的手法，是對原先熟悉的事物採取距離，而觀察到令人震驚的真相，而感到陌生。首先不把生活中的慣習看成理所當然，理所當然是阻礙創新的主要原因。本書陌生化的對象是族群的態度、構成認同的文化因素、忽略的宗教因素與認同、學術界二分法的思維。陌生化提供的距離使我們展開新的角度、創意式思考、重新組合的可能性，陌生化帶來的可能性運用在文化的新創，我稱之為「文化構作」。乍看是解構式的批判，卻能開展出新的可能性，將臺灣的多元文化視為創造新文化的

---

[6] 我於 2022 年在中山大學舉辦的「弄潮：劇場文化、記憶與產業變遷研討會」，發表關於文化構作的論文〈戲劇與文化研究：以跨文化互文性作為初探〉，獲得許多鼓勵。而我提出的論點也是受惠於學術界同儕的研究，絕非憑空而來。本篇論文通過嚴謹的外審機制，已收錄於《弄潮：劇場文化、記憶與產業變遷國際學術研討會論文集》，將於 2024 年出版。

契機。因此文化構作得以進行的前提是陌生化，首先意識到習以爲常的觀點、放下這觀點、進而改變這觀點、同時給予新觀點空間。

諸多關於認同的文獻提到，把持族群的刻板印象造成對立，彼此無法溝通，有人以民族性或歷史恩怨解釋這種僵局。我們需要給予人民足夠的動機與方法去檢視信念，在此之前，人民需要新的觀看角度，好破除千篇一律的敘事所帶來的疲乏感。「陌生化」能和自己固有的想法保持距離，這種距離感能產生洞見，進而嘗試改變和他者的互動，認出個人在國家認同當中的責任與影響力。認同僵局遲滯不前的重大原因之一在於：沒有在教育與生活中建立審視自己的習慣，認爲自己對事情的看法是合理的。假使對自己的生活也是用這樣的態度，面對更棘手的國家認同當然不會有所不同。如若個人在生命中遭遇一些必須轉變的事件，這些事件就成爲陌生化的契機。

我個人陌生化的分水嶺來自於知本的田野調查，猶如我的大馬士革之旅。保祿前往大馬士革追捕基督徒，但卻從馬上摔落，並與基督展開對話。此後，他從迫害基督徒的罪魁禍首轉變爲大宗徒，大馬士革之旅因此也比喻爲人的轉捩點。（參《聖經》〈宗徒大事錄〉九 1-28）我的知本之旅讓我眼睛的鱗片掉下來，美麗的知本除喪祭對照過往教育與生活中對原住民的醜化，產生巨大的不協調與怪異，令我震驚地思考何者爲眞：我該相信自己的眞實體驗或是繼續接受長期以來由他人強加在我身上、刻印在我身心靈深處，關於原住民低人一等的認同。我

由主流社會學到歧視原住民、自我歧視，不也像是基督對保祿說：「你爲什麼迫害我？」（〈宗徒大事錄〉九 1-28）是啊！我爲什麼「迫害」自己的同胞？「迫害」自己？眞實的田野經驗逆轉我原先的觀點——當初熟悉的「眞理」竟是謊言。原住民的刻板印象此時顯得多麼怪異、多麼陌生。而有多少人能處理這種錯亂的經驗呢？

幸而我能從自己的專業領域找到語彙，用以形容這種接觸到有異於先前的認知，而震驚地改變觀看角度的經驗——「陌生化」。保祿宗徒在蛻變之前，曾理所當然地捕殺基督徒，大馬士革之旅扭轉了他對基督徒的觀念，一改過往的態度，甚至爲基督殉道，這是「陌生化」非常驚人的例證。許多人都需要走上一趟大馬士革之旅，好剝除眼中的鱗片，（〈宗徒大事錄〉九 1-28）以「陌生化」的角度發現自己所把持的認知如何左右自己的人生，又是如何造成族群衝突。

族群關係難以突破有部分原因是因爲許多人將成見視爲理所當然，我們需要有方法破解不合理的偏見，分析偏見如何以「文化」的形式鞏固有害的認同以及族群關係。這些信念被包裝成「文化」，以至於要覺察當中的成見都很困難，甚至妨礙個人以及族群的成長而付出嚴重的代價。個人過度認同本身的習性與認知，不僅本身認同錯亂，還成爲擾亂團體的根源，成爲惡性循環。習焉不察是很可怕的事，我們需要運用「陌生化」產生客觀的距離來觀看自己，進而改善自己，創造新的認同。

運用陌生化使得改變有了具體的語彙、觀念、步驟與方法，

用以檢視我們深深認同的觀念與行為。運用在族群與文化上，能改變以往的諸多假設，進而產生新的觀點，帶來具有創意的國家認同。

「陌生化」的歷史與釋義

　　當習以為常的歧視與偏見長久以來被視為理所當然，該如何揭發當中的荒謬，改變蒙蔽的眼光，帶來新的領悟，進而產生行為上的改變？其實歷史上或生活中不乏有陌生化的例子，只是我們不這樣稱呼，而且改變是以極漫長且極緩慢的速度進行。例如漢民族養兒防老的觀念受到西方父母視兒女為獨立個體觀念的挑戰；帝制遇見民主等等。也有不成功的陌生化實踐：例如清朝受到西方船堅砲利的震撼而興起中學為體、西學為用的政策，並沒有為當時的時局帶來根本上的改革。因此我們對於國家認同的論述必須有前車之鑑，避免當看見某些真相感到震撼時，因而全盤推翻，以一個極端取代另一個極端，也就是鐘擺效應。面對層次較廣且牽涉到意識形態的認同議題，需要有意識地學習陌生化的方法而改變。陌生化固然會產生情緒上的震撼，但隨之而來的決策卻需要輔以理性的運用與分析，進而產生新的視野與行為。

　　戲劇研究關於陌生化的觀念與運用有其歷史背景。陌生化從德文 Verfremdungseffekt（簡稱 V-Effekt）而來，翻譯成英文有 defamiliarize、make-strange、alienate，中文分別翻譯成陌生化、奇異化、疏離。陌生化一詞源於俄國形式主義作家 Viktor

29

Shklovsky（1893-1984），他認爲藝術手法將日常感知陌生化，因而產生新的觀點。[7]例如托爾斯泰的小說《一匹馬的身世》以一隻馬當主角，以牠的眼光看出去的世界，人類習以爲常的「所有格」變得怪異，「擁有」是一種占有，並非與生俱來的權利。這種扭轉理所當然的觀念而對之感到怪異的效果稱爲陌生化，或是去熟悉化，原本再熟悉不過的人事物與觀念變得陌生，無法再視爲理所當然。在戲劇界由德國史詩劇場派發揚光大，代表人物爲布雷希特（Bertolt Brecht 1898-1956），他受惠於皮思凱特（Erwin Piscator 1893-1966）等戲劇家。他於莫斯科看見梅蘭芳的演出，發現這種有聲皆歌、無動不舞的表演風格和西方有著天壤之別。他認爲京劇的演員不認同角色，而是呈現角色，這種帶有距離感的表演方式讓布雷希特感到相當震撼，因此將皮思凱特創立的史詩劇場發揚光大，以旁白與唱歌等手法，打破西方催眠式的線性結構，希望觀眾**不要認同角色**，而是批判角色。雖然有些華文戲劇學者認爲布雷希特誤解了京劇美學，但他因而改革了西方敘事戲劇，卻是不爭的事實。這種帶有距離的觀看不僅改革戲劇手法與理念，也開拓觀察社會現象的能力。布雷希特掌握了一個重點：**過度認同是無法意識到觀念的不合理，以及僵化性思考的關鍵**。這也可以理解何以有些華文學者選擇以疏離 alienate 解釋布雷希特的觀看美學，想要審視習以爲常的觀念勢必先要與之採取距離，拉開距離避免情緒認同才能看清當中的不合理與真相。而翻譯成奇異化 make-strange，

---

[7] 詳見 Viktor Shklovsky "Art as Technique"

顧名思義就是讓事情顯得奇異、怪異，亦即，原本熟悉的想法與行為經過拉開距離之後，不但顯得陌生，甚至顯得怪異起來，因此原本理所當然的態度就顯得多麼怪異而需要探討。

奇異化改革了認同心理，不要認同主角，而是批判主角（不要認同他的價值觀和抉擇）。例如布雷希特劇作《勇氣媽媽和她的孩子們》以歐洲十七世紀三十年宗教戰爭為主題，敘述主角勇氣媽媽如何在戰爭中維生，原先她的目的是要讓自己和孩子在戰爭中活下去，且大發戰爭財。然而她的商人習性時常與母性起衝突，例如當她斤斤計較盤算兒子的贖身價時，因耗時過久兒子終究遭不耐久候的軍隊槍殺，觀眾目睹勇氣媽媽漸漸失去所有的孩子，精打細算的她最終無法掌握自己與孩子的命運。在劇情開展下，觀眾不會完全同情角色，而是思考角色何以至此。奇異化不僅改革觀眾看戲心理，運用在生活與人際上更是很大的衝擊。這對於看重人際關係，以人情及人倫來建立自我認同的漢人將是非常大的震撼。金耀基提出「決定對錯是非的是階層的身分，而不是事情的本身。」（頁81）華人社會建基於「權威性人格與權威性社會結構」（頁82）對於個人的獨立思考權以及真相的探究形成很大的阻礙。

布雷希特將異文化的相遇視為改變的契機，將京劇的結構納入西方戲劇，創立新風格，以奇異化改革了西方戲劇長久的敘事法，成為西方新的戲劇資產。各國藝術家、當今的舞蹈劇場、電影至今仍受惠無窮，甚而推動戲劇課程的全球化。奇異化不僅運用在發現弊病，更具有積極的意義。它源自於異文化

的衝擊而誕生一新耳目的美學，爲全球的戲劇界帶來創新的理念與作品。這對我們也是重要的啓示：**相異的漢文化與原住民文化如何透過奇異化而誕生新的文化元素**。將奇異化運用在雙方文化，必能產生新的觀點，進而吸收異文化的優點而更新本身，因而帶來新的文化內涵，建基於此的認同將大爲改觀。而這個過程我稱之爲文化構作，於後詳述。

運用奇異化

　　奇異化運用於文化研究能分析個人、社會與文化習焉不察的陋習，以及改變的可能性。關於奇異化的三個譯文：陌生化、奇異化、疏離，運用起來各有其意義。陌生化傳達的意義是，將熟悉的事變得陌生；奇異化是將陌生化更進一步，熟悉的事物不但顯得陌生，竟然還十分怪異、奇異（例如學生在課堂上討論：女性不得列入家譜、主祭時不以長女而以長子代表）；疏離則是採取距離，對原先認同的事物採取距離後，發現其中的不合理，甚至是怪異。熟悉的事物變得陌生因而產生怪異或荒誕的感覺，因而需要改變。我採用「奇異化」的翻譯，因爲它含有熟悉事物要產生奇異感必須先改變角度，採取距離，進而能反省合理化的過程中發生哪些不人性、違反常理的原因。因此奇異化涵蓋了先要疏離，繼而感到陌生，隨即產生怪異感的各種過程。

　　本書讀者爲社會大眾，因此本書對於奇異化的運用從原本狹義的美學手法廣義地運用在文化研究。事實上，人若運用奇

異化在自己身上創造了新認同，那種新身分就是一種獨特的創作。

成功的奇異化案例

奇異化以國對國的文化震盪最為明顯，透過奇異化整理歷史，對歷史感不會雜亂或消極被動。在此以日本大河劇《篤姬》及《龍馬傳》為例，說明異國帶來的奇異化如何讓日本邁向現代化，以及對於國家認同、歷史改革呈現的抉擇。日本大河劇時常以這段時期作為題材，讓日本人得知這段歷史的重要性，以及先人在這方面的得失與貢獻，不啻是現代人的重要參考。

《篤姬》描述日本幕府末期面臨歐美各國要求與日本通商，當時國家面對緊急情勢，政治家分裂成尊王攘夷以及開國兩派，各方人馬互不相讓，暗殺等流血事件時有所聞。開國派的代表人物薩摩藩主島津齊彬與其同黨認為改革必須從幕府內部開始，遂安排出身武家的篤姬成為第十三代將軍德川家定的御台所（即將軍夫人），藉由影響將軍，由內主導幕府的改革，運作日本邁向開國與現代化的強國。在各種衝突中看見人物各自對維護日本傳統文化或是建立新日本各有不同的動機，以及因而產生的危機及轉折。篤姬具有激進尚武的男性所缺少的沉穩、溫良、理性、大器等特質，客觀地與各方人馬對話、促進彼此之理解，影響各方政治家採取理性策略。面對舊時代（當時難以想像幾百年歷史的幕府會終結）勢必邁向結束的歷史時刻，篤姬說服反方人馬以和平不流血的方式關閉幕府最後的象

徵——大奧城，交與明治時期日本新政府，領導國家邁向國際化與現代化。

　　《篤姬》呈現的奇異化包括：西方國家船堅炮利、國家前途由人民投票決定、民主制的選舉與世襲的天皇制度截然不同，種種異於日本傳統文化的特質，迫使日本上位者感到不能再將傳統文化視為理所當然。面對這些差異，國家當如何面對列強、傳統文化何去何從？這種史無前例、前所未有的衝擊引起各方不同的看法，進而發生內戰，各派人馬各有立場與盤算，尊王攘夷與開國兩派導致國家分裂，在種種衝突之後產生明治維新等國際化運動。在刻劃敵對立場的開國與攘夷的兩派人物時，編導跳脫刻板印象手法，沒有所謂的絕對壞人，所做的決策必有其可以理解的動機，基於同樣在於拯救日本的共同動機之下，雙方人馬原本可以對話卻選擇以武相向。這部大河劇呈現峰迴路轉的歷史感，饒富哲理。篤姬、家定將軍與開國派的代表人物在面對不合宜的規矩與傳統時，能夠大器與以改革，顯現民族體質是可以改變的。《篤姬》以戲劇性的手法生動闡釋奇異化帶來的震盪與效益。

　　《龍馬傳》則描述日本邁向現代化的重要人物——坂本龍馬的傳奇一生。關於龍馬的大河劇與電影至少超過十部以上，龍馬無論是在歷史文獻、學術界或流行文化都是重要的再現對象。如果《篤姬》的劇情主軸在於著墨篤姬代表天命之子所展現的智慧、開國或攘夷何者對國家真正做出有益的貢獻，那麼《龍馬傳》則展現了傳統日本邁向新時代的改革過程：龍馬以

低階武士之姿躍然成為改革功臣，國家面臨危機卻是龍馬等人改變命運的契機，時代給予龍馬機運，展現不凡的氣度與智慧：日本以武士為主的傳統機制，在面對不再拿劍的時代，武士以及以其為象徵的封建制度將何去何從？

這部影集可說是關於武士精神的奇異化。面對來自異國的威脅，龍馬等人意識到個人與國家均需改變。學習新的生存方式、新的「武術」：武士們學做蛋糕、學習做生意、學習海防、建立海軍、學習英語以及國際法。武士們的「劍」轉變成為談判的技能，以新的能力捍衛國家。**拯救國家不能死守傳統的武士定義**，打殺嚇阻不了強大的異國軍艦。武士深切覺悟人民必須徹底改變。過程中歷經失落與適應、轉型，考驗對核心精神的認識以及表達方式的多元，將武士道精神去蕪存菁而吸收外來文化的精髓，進而擴充了文化內涵。

這兩部大河劇呈現日本面對西方文化時產生的震撼，驚覺不能緊抓習以為常的價值觀，必須向他人學習，做出革新。日本的奇異化並沒有在明治時期就已完成，只要持續接觸異文化，奇異化不會有停止的一天，且每個人因奇異化而有的領悟與學習不一。例如，劇場導演兼學者田平織佐認為日本人過於美化，但日本影視與劇場界運用西方再現手法青出於藍，卻是不可爭的事實。

國人熟知的《賽德克巴萊》也具有奇異化的精神。在魏德聖創作這部電影，甚至是《海角七號》之前，以原住民為主體的電影可說是鳳毛麟角。以原住民作為主角就是一種大膽的奇

異化創舉：現實中被歧視的族群成爲觀眾認同與景仰的對象。在魏德聖的再現之下，祖靈信仰是一套深厚的價值體系，透過與日本人的衝突彰顯其意義，族人在面對異族的高壓統治時，如何當眞正的賽德克人。信仰武士道以及信仰祖靈的兩組人馬在霧社展開了壯烈的辯證。大家熟悉的抗日故事演繹成關於認同與抉擇的普世史詩：生而爲人必須歷經的艱辛與考驗。魏德聖對這段史實的詮釋印證，當人改變眼光時，釋放的創意何等驚人？若我們學習魏德聖的視野，運用在族群關係上，勢必能產生積極的效應。《賽德克巴萊》「奇異化」了原住民爲劣等、祖靈是邪靈的刻板印象，不僅讓觀眾覺察這些偏見的不合理，也進而發現被忽略的寶藏：祖靈信仰不是迷信，而是一套深厚的價值觀，古謠更具有優美的心靈世界與哲學意涵。[8]

由此，奇異化也幫助我們發現，以偏見將異族他者化，長期將他們框在不利的再現形象中，無論對方是原住民、新住民或是持有不同論述的他者，將阻礙他們獲得平等的權益。偏見向來與利益有關，人不會去把持與自己利益無關的信念與行爲。當我們能破解偏見挾帶著權力議題時，可以擺脫他人強加於我們身上的「認同」，也不對他人不公，進而以較公正、公平的方式協商權益與責任。如此方能產生新的視野，帶來文化創新及合作。這不會是容易的過程，因爲釋放權力與資源向來不容易，學習協商必須學習新的能力，更要有意願面對奇異化帶

---

[8] 雖然這部電影受到不忠於部分史實的質疑與批評，但上述的奇異化優點仍值得注意。

來的震撼：鬆動自己相信多年的真理等同於格自己的命，需要勇氣面對，並且學習新的實力支撐蛻變的過程。

　　學者與巫如何攜手並進，看似非常相反的體質卻能豐富彼此，**民族體質是可以改變的**，這是全球化與奇異化的價值。資源不再需要獨占，而是分享。分享是原住民的基本精神：「不會分享的人沒有當人的資格」。[9]

文化構作

　　如前所述，陌生化能產生極大的效益，改變舊視野帶來新觀點，連帶會產生新的行為模式，這可以見證於歷史。然而單是陌生化無法解釋或全面涵蓋多元文化的互動以及文化之間因而產生的改變與新創。臺灣歷經現代化、後現代化、全球化，接觸西方、日本等文化，近年更受到韓國文化的影響，這些或是明顯或是默默影響國人的思維與行為。如何說明這種變化或是抗拒，我以「文化構作」一詞，分析各種文化互動時，可能產生的衝突、互惠、蛻變，以及產生的新文化元素，例如新的價值觀、物質表達等，希冀作為一種統整性的研究方法。[10]如前所述，文化構作（cultural dramaturgy）結合文化研究（cultural studies）與戲劇構作（dramaturgy）的方法。構作一詞雖源自西方學術界，然而卻能以中文涵蓋豐富的意涵：「構」與「作」二

9　出自 2007 年與盧皆興的談話。
10　參王甫昌〈邁向臺灣族群關係的在地研究與理論：族群與社會「專題導論」〉頁 5，文中提到，希冀在研究臺灣族群的議題上能有「一個清楚的理論來統整研究架構」、「提出一個統整性理論……」。

詞解釋了作品的結構與創作層面。結構又涵蓋元素的取用與排列，創作則蘊含理念的發想、發展過程以及藝術家之間的合作。而文化元素與結構的形成亦歷經發展過程以及成員之間的維繫，具有構作的過程。研究者提出文化構作的方法呼應了此時國際學術界進入全球化的階段，理論之間的連結牽引出新的理論，連帶形成跨領域之間的運用。戲劇構作原本作為戲劇研究的方法，至今已遍及全球各大洲，成為各領域的新方法：舞蹈構作、電影構作、音樂構作、數位藝術構作、並運用於社會學以及身分認同。[11]基於這些根基，本書將戲劇構作的方法運用在臺灣的認同議題。不僅凸顯戲劇理論的全球化與跨領域性質，更首先將戲劇構作的方法運用在臺灣的認同議題，跳脫戲劇理論僅能運用在舞臺作品的侷限，還原戲劇本就是以再現人為本的藝術與學術。[12]以下以名詞解釋作更詳盡的說明。

名詞釋義

　　構作一詞源自於德國劇評家萊辛（Gotthold Ephraim Lessing 1729-1781）提出的戲劇構作（dramaturgy），至今影響遍及各領域與全球化。萊辛擔任漢堡國家劇院劇評，為每次的演出寫評論，並提出戲劇構作一詞涵蓋了戲劇創作的方方面面。其實對戲劇創作原理的分析早在希臘時期即已存在，例如

---

[11] 詳 Romanska, Madga Ed.(2015). *The Routledge Companion to Dramaturgy.* Routledge.

[12] 從 1980 年代起，戲劇研究已擴充至行為研究 performance studies，將有關人類的行為與展演均涵蓋進來。而亞里斯多德在《詩學》即提出：悲劇即是人的行為的再現。（詳第 6 章）

亞里斯多德在《詩學》提出六大要素：情節、人物、語言、思想、音樂、場景。萊辛更進一步提出構作一詞統稱（涵蓋）戲劇的研究、評論與創作，將構作專業化、體系化。構作一詞涉及分析、思考與結構化的能力、判斷元素與元素之間的連結，乃至整個作品形式的建立，是戲劇藝術手法的統稱。[13]

　　戲劇構作歷經三個世紀的發展，迄今運用在各個藝術領域：音樂、舞蹈、電影、設計、社會學等等，甚至遍及世界多國，有些學校因而設立戲劇構作的研究所，同時也為戲劇構作帶來新的意義。例如，匈牙利籍的戲劇構作專家卡塔琳・特蓮雀妮提到：「以更宏觀的戲劇構作視角來探討……更大的社會層級，以及所應負起的責任。」[14]這種社會責任包含以更人文、更環保的方式創造戲劇，打造更健康的作戲生態。而透過藝術作品再現新的視野，進而影響觀眾，令我們連結到布雷希特的戲劇構作，布氏提出史詩劇場的奇異化美學，用意在推翻亞里斯多德式的戲劇所帶來的移情作用，要被動的觀眾成為積極思考的人，進而改善社會與世界。[15]

　　無論是布雷希特或特蓮雀妮引用她的老師瑪麗安・凡・柯克侯芬提出的「新戲劇構作」，都凸顯戲劇與人類群體源遠流長的關聯，不僅包含傳統戲劇構作的舞臺作品，更包括作品之外

---

[13] 詳 Romanska 頁 1-8
[14] 卡塔琳·特蓮雀妮〈無痕戲劇構作七原則〉。陳慧珊主編，《跨界對談 17 論文集》（2023），國立臺灣藝術大學跨域表演藝術研究所。頁 307。
[15] 這段內容部分引用自〈戲劇與文化研究：以跨文化互文性作為初探〉，並稍作修改。

的更大脈絡，例如作品訴求的對象，亦即生活於文化中的每個個體。我把這樣的過程類比為一種戲劇構作，並以「文化構作」探究文化創新的影響力，在本書更擴充到各種文化文本。而文化涵蓋「日常的信念、價值觀和生活型態」（杭廷頓&伯格，頁19）；文化亦是由各類「意義系統」建構的文本（邱誌勇、許夢芸，頁 20）、又如「價值觀、態度、信仰、傾向，以及整個社會普遍的概念。」（哈瑞森&杭廷頓《為什麼文化很重要》頁 iii）文化既具有無形及有形的元素和結構，即能提供分析的元素、亦成為被改變與創新的場域。文化創新的過程猶如戲劇構作在創作過程中經歷探索、建構、討論、篩選、合作等，因此文化構作包含分析與運用等面向，在潛移默化中注入新的力量。[16]

　　對文化的敏銳度，包括察覺文化的優缺面，需要長期的學習。而文化構作當中關於跨文化學習不僅有助於建立認同，所獲得的文化實力更有利於創作，也就是文化資本，擴充國力，回饋給國民。本書以漢文化、原住民文化以及基督宗教文化作為本書文化構作的分析對象。而當中的認同議題更可能產生以下影響：

> 臺灣受到特殊的政治因素影響，認同論述長期以來陷於幾種框架，戲劇的奇異化手法能突破認同的瓶頸，帶動新的認同視野，進而推動新的文化表意實踐。由此，戲劇構作不僅限於有形的劇場創作，更跨入日常生活中的「認同」與「創造」，身處多元文化的臺灣民眾能在解

---

16 同上註。

構與建構的兩種戲劇構作中進行文化構作的大工程。若以跨文化作為一種文化資本，進而產生新的認同、文化內涵、文化產品，進而掌握參與國際社群的話語權，……這種文化展演就是新的戲劇文本、新的戲劇構作與文化構作。這是最有力的認同與再現。[17]

而文化構作若結合陌生化的視角，能產生洞察與積極的效益。從我自己的經驗舉例（身為英文系的畢業生、教師），給予學生的不僅是語言上的技能，更包括語言背後的文化內涵，當這種文化內涵與漢人的文化接觸時，對學生能產生何種影響與衝擊？例如，我曾聽過英文系畢業生說：西方文學展現的人性獨立、深度的人性分析，給予他們更獨立的思考與能力，但也因此與相較傳統的人相處時可能形成衝突，例如婚姻觀的不同。然而這不表示獨立思考的人是較為強勢的一方，反而傳統的人為了維護自己的信念而想要壓過對方，或是因為感到自己的觀念受到挑戰而心有不平；甚至有人認為喜愛歐美文化的人就是崇洋，而排斥西方或任何外來文化思潮。因此文化構作的過程亦有衝突的一面。然而經由異文化接觸，發現傳統文化的合理與不合理，是陌生化的過程，而若能因此做出改變，例如覺悟漢文化當中過度的人情制約影響了獨立的勇氣，我們必須承認獨立人格的重要，這種從覺察到知道如何做出改變，而誕生新的文化特質，這種過程即是文化構作。

反過來說，漢文化也有其他文化所不具有的獨特性，例如

---

17 同上註。

以文字濃縮了文化性，以「意境」一詞為例，集許多意義於一身，有情景交融、天人合一等意義，極不容易翻譯成英文，因此外國人接觸到意境一詞時，他同時也接觸到了漢人獨有的藝術觀、美學與哲學觀，不但新增語彙，更了解人有能力與藝術作品、與自然及天地合而為一。我們因他國的存在而突顯自己文化的獨特性，在全球化的語境中交換意義，這些都可視為無形中進行的文化構作現象。

又如基督宗教教友人數雖在臺灣僅占近百分之七的極低比例，[18]但卻興建大學與醫院、鼓勵與支持藝文活動；在價值觀方面，對於人觀，例如真理大於人情的態度，對於臺灣看重人情結構是否產生衝擊，而接受基督信仰的漢人又如何看待傳統文化？已有不少文獻探討改宗過程中的衝突，但時至今日，基督徒是否對傳統文化有更深的認識與同理，而不必然採取決裂的態度？基督宗教的人觀是否對在地文化可能帶來更正面的影響力？相較於漢人，絕大多數的原住民屬於基督宗教，是何種文化的相容性使得原住民容易接受基督信仰？這些都值得分析，成為文化構作的內涵。

文化構作的現象早已存在，有無形中自然而然進行的，也有刻意為之的；各學門以各種理論分析文化現象，我以**文化構作**一詞涵蓋說明文化互動的過程與結果。我將其擴充為文化的戲劇構作，簡稱為文化構作。將「陌生化」理論運用在臺灣的

---

[18] 出自〈美國在臺協會 2021 年國際宗教自由報告——台灣部分〉https://www.ait.org.tw/zhtw/zh-2021-international-religious-freedom-report-taiwan-part/。擷取日 2023/12/20。

在地議題，並結合我提出的文化構作，是回應我所接受的西方學術理論如何在地運用，使本地的讀者能有所共鳴，並能與國際學者對話，這是本書的主要目的。文化構作奠基於深厚的學理，並且有運用價值，能實際影響在地的文化更新與創新。

本書最大的奇異化

本書從原先的自傳式書寫變成處理認同的文化研究，在書寫的過程中漸漸洞悉一個很大的奇異化課題：我的轉變來自於祭典的超自然力量，原先書寫的目的是見證祖靈信仰不是迷信，要還原住民認同一個公道。然而在書寫的過程中漸漸發現，這環扣著更大的問題：書寫祖靈並不光是為了原住民文化的尊嚴，更關乎整個臺灣人民的認同。不僅是原住民相信祖靈的存在，漢人的傳統文化也相信祖先的靈能夠和子孫連結，此一事實會影響子孫的抉擇，以此延伸，是否也能影響後代對國家認同的判斷。

學術界長期受到西方科學的影響而較少處理文化的超自然層面，僅有極少數的學者有這方面的突破，例如臺大廖咸浩教授在 2007 年於臺灣藝術大學表演藝術研究所舉辦的《跨界對談三研討會》專題演講提到：原住民文化有現代性無法處理的奧祕面；臺北藝術大學鍾明德教授更提到，學術研究排斥神靈世界，造成狹隘的視野，形成「科學知識論的霸權」，更嚴重空洞化傳統祭儀。[19]無論這種忽略是出於刻意或是無知，對原住民

---

[19] 鍾明德（2014）頁 10、17。

43

認同、臺灣文化與學術研究的獨特性都是極大的損失。科學的印證精神應當成為輔助而非限制，我相信無論是原住民的祖靈觀或是漢人的祖先觀，都能禁得起科學方法的檢視，從文化研究的角度獲得新解。願本書的觀點不僅為臺灣眾多陷於認同議題而受苦的民眾帶來平靜，更為臺灣的文化研究盡己之力。

我看見臺灣長期卡在認同意識，若這些認同的歷程教會我們更大視野的正義，就不枉費前人的犧牲。在臺灣這塊土地上，有這麼多不同族群的足跡，有的人為了求生存，飄洋渡海在臺灣生根，有的人為了傳教的理想奉獻出生命，日本最後的武士西鄉隆盛曾在屏東落腳；臺灣小小島嶼的歷史串連著更大的人類歷史。先人已寫下屬於他們生命的篇章，我們這一代的責任在於整理出不同族群的祖先留下的故事，擁有全球化與跨文化工具的我們理當從這些蛛絲馬跡、甚至是衝突紊亂的故事理出頭緒，以新的語彙及觀念留傳給下一代。生命與歷史並非偶然，歷史是人類的共同作品。身處承先啟後關鍵時刻的我們，願意如何書寫臺灣族群的認同？每逢歷史的轉彎處，就是人性的大考驗，也是良心的重大挑戰，每個人都可以思考做出獨立的判斷與抉擇。

另外需要補充的一點是，我從整理認同的過程中明白，認同牽涉到人最核心的價值，人不僅是政治生物、社會機制、更有精神層面。認同無法以單一理論蓋棺論定，因此我採用了跨領域的方法回應認同牽涉到的諸多面向：戲劇理論、文化研究、

心理學、[20]宗教學與神學、[21]以及自傳式的體會，這些構成本書的各個章節。從心理層面而言，談到臺灣認同勢必碰觸到族群創傷與衝突，認同有一部分會建立在傷口與過往經驗，這點可以從心理學找到印證。然而人的認同不能完全建立在負面經驗，必須有方法處理。但當人缺少面對的方法，是沒有力氣去面對創傷，以至於癒合。若個人的醫治尚且是曠世工程，遑論族群的和好。然而拖延不面對絕對不是辦法，正如不能忽略身心疾病，必須找到適合的藥方。治癒及改變需要時間、耐心、過程與方法。本書結合文獻與個人經驗，希冀提出面對的方法，而不是以專家的姿態僅給予理性的建議與分析。我們無法置身於外，我們都是當事人。同時我們必須認清，整合認同是所有族群皆能獲益的事，而非僅攸關少數民族或邊緣族群的權益與尊嚴。

再者，人永遠大於理論，學術內容未盡完備，但學術精神可以推動探討真相的勇氣與責任。同時，人性還有許多能力能處理衝突、彼此往來：「在我們的理智官能內，有推理的能力，還有更深遠、更完美的能力，就是直覺。」（尤震，頁95）

---

20 例如盧德所言：「隨著『超個人心理學』的誕生……直指人的靈性層次……不只是探究以人為中心的自我實現的需求為目標，更以宇宙為中心的超越性或靈性需求作為其理論體系。」（盧德，頁 xvi）這樣的視野為認同提供不同的視角，而不將人侷限於政治認同。
21 谷寒松認為神學亦是學術，並能與實際生活產生關聯，包括人的政治面。（頁 3、5）

第二章　祖靈信仰與認同

研究動機

　　當初書寫本書的動機是因為知本除喪祭帶給我的震撼挑戰我的認識論，因而聯想到祖靈的召喚，進而想探討祖靈的存在。而祖靈的存在更推動我探索天主教聖神（holy spirit 基督教譯為聖靈）的內涵。而我長期身為天主教徒，天主大可運用教會的方式醫治我的「種族歧視症候群」，進而帶來悔改，何以卻等到我接觸知本部落的傳統祭儀除喪祭，我才面臨深刻的轉變？亦即，認識祖靈非但沒有讓我遠離天主，反而拉近我和天主的關係，想認識天主的靈力和我現實生命的關聯。況且，若祖靈是邪靈，天主聖神何須勞駕邪靈來醫治我？這也是我這些年來想要釐清的疑點。

　　而長期以來，許多宗教人士認為祖靈是邪靈，不為教會所允許，基督宗教有聖靈就夠了。況且，正邪誓不兩立，必須終止祖靈信仰。然而，究竟「祖靈」和「聖靈」之間的關係是水火不容或水乳交融呢？當我開始閱讀相關文獻，震驚地發現許多教會內外的學術研究，早已澄清祖靈的汙名，但至今仍有許多人持續散布「祖靈是邪靈」的說法，造成原住民認同的不平安，甚至加深其他族群對原住民文化的偏見。這延伸另一個問題：教育分工與專業分工造成資訊落差，一般大眾甚至包括不同領域的學者，並沒有受惠於人類學家與神學家對於祖靈信仰

的研究。這是值得深思的現象，也因此更突顯跨領域學習與對談的重要性。從教育層面來說，這又增添對於文化內涵教導不清不楚的例證。

再者，除了民族認同，國家認同也有類似的錯亂糾葛，當中有許多不求甚解或道聽塗說的部分，例如，對祖先的認知在國家認同的議題上有重要的位置。無論是文獻或我周遭朋友的例子顯示，改變認同是大逆不道的事，會背上數典忘祖的包袱。（參第五章〈國家認同的戲劇再現〉）祖靈信仰及漢人的祖先崇拜在國人的潛意識中影響了認同與價值觀，甚至可以說，探討原住民祖靈信仰的文化內涵能帶領我們建立更深的認識論，從而整理認同，這就不僅是關於原住民「自己」的事，或是基督信仰「門戶內的私事」，而是關乎於範圍更大的族群認同、國家認同、更基本的生而為人的本分。

從表面看來，族群認同似乎和宗教無關，但深入究理，漢人對於祖先的態度近似宗教性的敬畏，以及原住民祭儀遭受某些基督宗教破壞而帶來的認同傷害，都必須以宗教層面來探討，甚至將宗教性視為重要的文化內涵，特別是因之而來的價值觀與行為決策。因此本章主題聚焦為三：漢人的靈魂論與祖先崇拜、祖靈信仰的釐清、基督宗教的靈魂論。我們這個時代面臨著激烈的認同議題，開始著手整理文化與認同的關聯是我們這一代的責任。

目前在臺灣學術界關於認同的探討，大多來自於社會學與政治學等相關領域，例如林義均提出的：「……政治學與法律學

47

的自由主義、文化人類學與歷史學的民族主義、社會學的後學論述等三方面作爲切入點。」[1]然而知本[2]的祭儀對我的認同產生深刻的改變，不但挖掘出深藏於潛意識的傷口，更意識到情感對於認同的關鍵影響。因而發現上述領域強調的「科學」方法難免有所不足，會忽略潛藏的因素。又如，靳菱菱將宗教因素引入原住民認同課題，在多數文獻以「政黨、省籍、統獨的」觀點中另闢途徑，藉以「完整呈現臺灣的認同研究的面向」。（頁104）因此這一章將加上宗教元素對認同的影響，尤其是漢人的祖先崇拜與原住民祖靈信仰對認同的影響。

而關於祭儀的效益研究，似乎僅限於人類學，而人類學界的研究成果亦不容易跨出該學門以外的領域，更不用說進入日常百姓的視野，進而更正關於原住民祭儀的誤解。而宗教也難辭其咎，至今仍有基督宗教強迫原住民信友放棄祖靈信仰的作法，在部落形成很大的干擾。[3]有些折衷的作法則是信仰歸信仰、文化歸文化，將傳統祭儀「去靈性」，使得文化得以延續（靳菱菱頁 102）。然而這類作法仍有待商榷。這些爭議當然不容易取得共識，這時候所謂的學術客觀可以發揮在傾聽與分辨各方說法的依據，回歸到祖靈信仰當中的靈力是什麼，以及基督信

---

[1] 林義鈞，《台灣國家能力與國家認同之關係》（1990-2000），臺北：秀威資訊科技股份有限公司，2006，頁 9。

[2] 知本部落已於 2013 年年底經由部落會議決議，正名爲卡大地布 Katratripulr 部落。（詳陳映君頁 1 註 3）本書交替使用「知本部落」與「卡大地布部落」兩名稱。

[3] 詳曾宗盛〈去殖民的上帝：聖經詮釋的轉換與上帝觀轉變〉爬梳基督宗教在歷史上的某些措施造成原住民「傳統文化沒落、社會組織和價值體系崩解，甚至有些教會禁止原住民文化傳統的延續」。（施正鋒 2018，頁 72-73）

仰對靈的解釋，因而更深入理解祖靈信仰與基督信仰的異與同，進而產生對話的可能性，而非如過往粗暴地禁止方式，這些歷史將在後文以文獻佐證。希冀本章的觀點能釐清對祖靈信仰的誤解，開啟更多的對話，進而有助於原住民的民族認同。除此之外，本章更進一步探討祖靈信仰終將對漢民族的認同也有關鍵性的影響，使得島內兩大族群的認同有所交集，而非如過往的論述，井水不犯河水，呈現互不相干的狀態。

　　卡大地布部落的祖靈信仰開啟了我生命的整合，這過程驗證「靈」的的確確存在，並且對人產生具體的影響。[4]以人類學的角度來說，卡大地布部落的祭儀驗證「靈力」的效益。然而我們的教育甚少探討人類的精神層面與超自然現象在文化中所具有的意義。即使祖先崇拜左右漢人的認同，我們極少在教育場域探討此課題，通常只有在日常生活中意識到這層文化因素或隱或顯呈現在個人的人際網絡中，甚至影響經濟層面。例如，由祖先崇拜發展而來的運勢觀，必須投注相當的資金，影響各種掌握命運的「關係企業」的成立。我曾經聽過人類學者說，人類學大多研究他者異族，而不研究自己，是因為我們對自身的文化太熟悉而不容易客觀。我認為這樣的看法值得商榷，其實我們對自己的許多文化實踐是不清不楚的，需要以文化研究的態度勇敢面對當中的缺失，也清楚地整理當中的優點，成為個人認同的依據以及國家的文化資產。而同時，越來越多的原

---

[4] 陳文德在 Quack 所著，《祭師、治療者、薩滿？卑南族卡大地布之巫 Pulingaw》頁 vii，提及「極具靈力的祭儀」以及「祭儀的確是卑南族的核心」。因此我質疑「去靈性」的祭儀還算是原住民的傳統祭儀嗎？

住民學生想要研究自己的部落，我們可以用不夠客觀或是違反人類學研究傳統的理由來阻止他們嗎？而對於本身文化認知不夠踏實、無法以客觀的態度深究，這種模糊認知的情形可能是造成認同張力的遠因之一。例如，我時常聽周遭的人說，他們反對某個族群是因為祖先那樣交代，所以身為子孫必須這樣做以表達盡孝。然而當他們所見的事實牴觸祖先所謂的交代時，例如該族群的有些人並非如此，該如何處理互相矛盾的現象呢？是繼續忠於祖先，或修改對該族群的看法呢？若是選擇忠於祖先的交代以盡孝，則可能對不符合族群刻板印象的人充耳不聞，或繼續延續族群偏見造成不和。這種衝突的確影響了國家認同。然而本文不會僅提出疑義而不處理，這一點我在後續會以文獻佐證個人的觀點。

　　歷史學、社會學、政治學可以從各自所長分析認同議題，我深信人類學者與藝術學者亦能從文化研究的角度提出不同的觀點。本章要以一般學門不太處理的靈魂認識論來爬梳認同，進而處理島內因為宗教因素所帶來的紛擾，以及可能達成的理解。

祖靈信仰與科學

　　首先要正視的是，不僅一般民眾缺乏對祖靈信仰的正確認知，連學術界亦對靈性世界帶有「類科學」的歧視。曾經有藝術領域的同儕對我說，我們所受的教育是科學的，而祖靈的召喚不科學。然而臺北藝術大學鍾明德教授卻認為，神靈是存在

的，但崇尚理性的資本主義社會與學術界在遇見「天人合一」、「身心轉化」等現象時便「自動緊急剎車。」（頁 10）因而憂心起「無神的人類學」，（頁 3 引用 Turnbull 1990：74）以及「許多打著科學知識旗號的學術研究，相當倨傲地無視於神靈的存在。」等現象。（頁 3）例如，他所研究的景頗族目瑙縱歌從以前的「『神』采奕奕、『神』氣非凡」，演變成今日的外表雖「亮麗動人」，卻「空洞無『神』。」（頁 12）汪憲治研究知本的祭儀時則引用 Edward Taylor 的理論印證：「巫術的程序是理性與科學的」、「巫術信仰具有潛在的邏輯觀念」。（頁 12）這些珍貴的發現卻是遠離國人的認知。除非我們能論證，缺少這方面的學習對於臺灣認同與國家實力產生何種損失，國人很難被說服，為何在正規教育中必須加入這一方面的知識。本書則從認同的角度論述，何以重新認識祖靈信仰能更新包括原住民在內的認同，從而對國家實力有助益。[5]

而對於靈性的不重視所產生的衝擊，心理學大師榮格早於 20 世紀初便提出警告：

> 現代人不了解，他的「理性主義」（使他無力感到神祕的象徵和觀念）已經把他推向可憐的心靈「陰間」。現代人讓自己從「迷信」中解脫（或者他以為他已解脫），

---

[5] 國家近年鼓勵多元文化創作，原住民古謠受到藝術家重視及引用，在許多場合也可以見到原住民歌手或學童合唱團唱出古謠的優美。這些固然是可喜現象，但不能僅停留在表演的層次，仍須有更深的研究以建構文化體系，分析當中的種種結構與意義等，從而有豐厚踏實的認同基礎，而創作的源頭來自於對文化的理解，一體兩面。

但他也同時失去了他的精神依歸，心靈空虛到了無以復加的境地。他的道德與精神傳統已然解體，現在他正在為這項全球性的迷失、分裂與崩潰付出代價。……我們剝光了所有事物的神祕性、超自然性，所有的事物都不再神聖。（民國七十八年，頁107）

再者，人類沒有能力理解靈性世界構成的「象徵與符號」，將等同喪失兩大最基本的深層能力，更會反映在創作能力的匱乏上。例如學者莊元薰和王藍亭以文化創意產業為例，指出臺灣的瓶頸：「設計者必須具備對符號表意的理解、我者／他者的相互建構、以影視產品傳遞符號解釋與認同所需之先備知識，以及落實深度文化之指涉……」。（頁17）

我們需要對靈性以及相關的符號表達有更深的認識，而非停留在習焉不察的習俗層面。釐清關於靈魂的觀念如何影響認同，這麼做不僅是為此時的人，更為後代子孫，我們的認知將影響認同的內涵與效應。

文獻探討

原住民祖靈信仰與漢人的祖先崇拜都有深厚的文化淵源，實非本書所能詳盡，因此本章僅聚焦於影響認同的相關部分。時事督促我們必須反省祖先是否真如我們所想像的，而文化也並非一成不變，在變與不變當中演進，因此必須更新自己的相關認知。首先處理廣義上關於靈魂的認識論，文獻包含學者、在地文化工作者、部落族人、人類學家、神職人員的觀點，再

依此分成三大主題：漢人祖先崇拜與傳統宗教的靈魂觀、原住民祖靈觀、基督宗教靈魂論。

漢人的靈魂觀

　　首先關於靈魂的認識論，不同文化也多具有以下的觀念：「靈魂的概念，不論所指稱的是玄學、超自然的、或者是哲學性、道德性的靈魂，應該已經是世界所有各類文化的一種共識。」（巴代，頁 23）基於這樣的基礎，可以檢視以下靈魂論的概念。首先是精神不朽的觀念：

> 唐君毅在他的《中國文化之精神》價值中也說：「中國宗教思想尚有一個特色，即人精神之不朽而成為鬼神也，⋯⋯凡人格偉大者，其鬼必神。神必顧念世間，而求主持世界之正義，與生人相感通。」（薛保綸，頁 4）

　　反映在文化的習俗層面則有「祭祖和喪俗」：「我們的先祖一直是信仰人有靈魂，且在人死後靈魂不滅的。」（薛保綸，頁 10）除了靈魂不滅的觀念，同樣重要的是，先祖靈魂能與後代子孫有所連結，彼此相感通，且靈魂能「升格進階」成為「神」：「鬼神之進德，亦當多賴其與生人做不斷之感通。由此感通，不僅鬼神可有裨益於生者，而孝子慈孫亦可以其誠敬之心，使祖宗鬼神，得日向超渡，而日進於高明。」（薛保綸，頁 4）以上說明漢族群相信祖先與後代之間有靈的連結，能影響彼此。

　　蔡怡佳則以「中華民國靈乩協會」的「調靈訓體」（頁 20）研究漢人民間信仰關於人鬼神以及祖先之間的關係：

在理解漢人民間信仰的神靈體系時，學者曾提出神／鬼
／祖先的架構。神由在世有功德、強健有力的靈魂所轉
化而成，其生前的德行使得他（她）成爲天界官僚系統
的一員，一方面享有信徒的祭拜，一方面以其靈力護佑
信徒……祖先由子孫所祭拜，其靈力亦可庇佑或降禍於
子孫。鬼是兇死的靈魂，或是沒有信徒或後裔祭拜的飄
盪的靈魂。這套分類架構也被視爲漢族社會組織的隱
喻，官僚系統相當於神，祖先是親族，異人與外人則屬
於鬼的範疇。（頁 23）

值得注意的是，祖先具有類似神明的靈力，能影響子孫的
福禍。更引人深思的是，靈魂並非一陳不變，而是具有蛻變的
潛能，亦即，能夠跳脫生前他人認知的形象，即使人所畏懼的
鬼，也仍具有進階的希望：「鬼雖然以神或祖先的對立面來界
定，與神或祖先並非截然不同，而是連續性概念的兩端。……
它能夠藉著變化而變成神或祖先。」（蔡怡佳，頁 23）這套系
統也將「靈」的定義區隔出來：「相對於上述神／鬼／祖先的
架構，靈乩以『靈』來指稱靈界中不可見的存有，而且指的大
部分是尚在變化過程中的靈。」（蔡怡佳，頁 24）而在這個架
構中的靈界，神鬼與祖先不是處於對立面，而是處於「不同修
煉階段中的種種靈」，必須「從教育與修煉的角度來看」這些
「有待超越的階段」。（蔡怡佳，頁 24）而教育與修煉也意味
著超越過去的恩怨：

就靈來說，尤其是那些緊抓著過去的怨念，無法從其中

54

解脫出來的靈，更需要藉著教育與修煉過程來提升其靈質……。教育的課程試著幫助雙方把業力的糾纏化爲創造性的關係。（蔡怡佳，頁26）

這種課程富有「奇異化」的意義，不把出於恩怨形成的業力視爲不可改變，而是有可能蛻變成積極的關係。這對於長期以來無法化解的族群恩怨將產生很大的啓示，帶來開拓性的詮釋。饒富意義的是，「靈乩協會」也將靈的狀態解釋成「社會動亂的部分原因，即源於這些找不到安棲之地的飄盪的靈。」（蔡怡佳，頁27）若統整以上說法，可以推出以下結論：後人若能化解消極的恩怨關係，將有助於這些飄盪的靈「安身立命」，進而有助於社會的安定。這也說明了漢文化相信人與靈之間有正面的「感通」效應以及「靈力」的存在。

蔡怡佳的研究解釋了靈界和人世之間的互動關係，親人死亡之後，靈能夠繼續影響後人；而明白靈能夠蛻變與進步，賦予後世的人積極的責任而非被動的祭獻或紀念。尤其是將「業力的糾纏化爲創造性的關係」更賦予人機會化解過往恩怨。若從這個角度來看，是否也能運用在化解族群認同或國家認同的恩怨上？已逝的祖先是否能藉由後人的努力，放下恩怨而轉化成祝福子孫的「神明」？爲處於不合與紛爭的族群，帶來尊重與和解。或者祖先早已明白恩怨終究必須放下，而試圖以各種方法讓子孫感應到？

上述文獻提供了重要的認識論：祖先的靈魂是會變化的，生前與死後可能不一樣，因此對於祖先生前的教導與交代，需

要以更大的層面去詮釋。而關於祖靈的認知，民眾需要認識其精神面而去除偏見：祖靈不是邪靈。為原住民而言，重新認識祖靈信仰，以其內涵建立認同，不僅攸關尊嚴，甚至能影響其他族群的認同論。

原住民族的祖靈論

關於原住民祖靈信仰的文化內涵，已有各領域專家針對各族逐步建構知識體系；本章節提供的觀點主要在於推翻「祖靈為邪靈」的錯繆，更進一步支持祖靈信仰是原住民重要的認同根基。這個認同內涵更可能對國家認同帶來新的觀點。

首先最重要的澄清是，祖靈並非漢人認為的祖先的靈魂而已，而是涵蓋著整個宇宙架構、神靈與人間的觀念、核心價值等等。

第一、祖靈各有階層

阿美族的林清盛敘述：

> 太巴塱過去的泛靈信仰，按傳統社會特質是個祭儀團體。從生活層面來看，宗教就是生活，而生活本來就是宗教……阿美族大致所崇奉的祖靈有 O to'as a Kawas 即家系的祖先靈魂、O kawas no niyaro' 即部落始祖的靈魂及 O kawas no Ngasaw 即氏族之神。（胡國禎、丁立偉、詹嫦慧，頁 163）

卑南族大巴六九部落的的巴代則如此說明：「此地的巫術信仰中認為人死亡後，靈魂變成神靈（viruwa），依據輩分歸入祖

宗、祖靈行列或屬於死去平輩的行列……。」（巴代，頁 26）
陳美齡則以南王部落的喪葬文化為例提出：

> 卑南人相信神祇 biruwa 的存在，祂們包括了大自然的
> 神、天地與四方之神、造人之神、以及祖先與死者之靈
> 等等……因此卑南人在祖靈的認定上也是神祇的一部
> 分。（林志興、巴代，頁210）

林建成以知本為例，闡釋族人生活各個面向與祖靈有密切
的連結：

> 知本部落舉凡生活中的守護、行事準則與思維方式，無
> 不與祖靈有密切的連結，遇上部落或家庭大事，族人也
> 習慣向祖靈祭告，神靈與人世間藉著各種場合與媒介充
> 分且頻繁的溝通，也藉祖靈觀念轉化於美感形式的表
> 現。（頁57）

又如知本人汪憲治碩士論文記載，儀式的開始與結束，必
定敬告祖靈。（頁50）

上述文獻記載祖靈觀呈現原住民的宇宙觀、無形的精神世
界與大自然的關聯、人與神靈界的關係。

第二、子孫對祖靈的孺慕之情

從以上文獻發現，原住民認為祖靈近似神靈的層級，以此
可以推論：原住民自認是神靈的後代。不僅如此，子孫與祖靈
之間的關係非常親近。胡台麗在排灣族古樓村的研究中將這一
點論述得非常詳盡：「在五年祭中我體會到一種對祖先很深摯的

情感。」（頁 46）這種深摯的感情在生活中透過各種元素表達與傳承，包括善用現代科技：

> 排灣族人在攝影機前穿戴有百步蛇等神靈祖先紋樣的盛裝，是以獨特的神祖象徵來代表並紀念神靈祖先。被攝下的影像可以讓後代不只記得此人，也同時記得部族創造的原點。從遠古的紋樣到現代的影像，排灣族對神靈祖先的記憶在哀思情感與美感的牽繫下綿延不絕。[6]
>
> （頁 257）

　　這種繫絆也很清楚地從知本人對祖先的深摯情感看出，除了顯示於每年三月在原住民發祥地隆重的祭祖，還反映在每個歲時祭儀，儀式前必向祖靈稟報始能開始。而每當我與族人提起祖靈，幾乎每位族人都反映出對祖先的深厚情感：「沒有祖先就沒有我們。」（林茂盛、尤二郎、盧英志、鄭一郎、盧皆興）而族人林勝英更說：「曾有人問我，既然妳是教友，為什麼還相信祖靈？我的回答是，我是天主教徒，但我流的是祖靈的血。」（2023/7/19 於巴拉冠）另外，知本關於祖先的古謠至少就有桑布伊吟唱的〈祖先的叮嚀〉、〈祖先的歌〉、〈分享〉，以及創作〈跟著走〉、〈創世紀〉、〈造物者〉、〈得力量〉等傳唱，延續了祖先與造物者的生命智慧。更可以說，整部古謠紀錄了知本祖先的智慧與生命觀。

---

[6] 哀思情感見第四章〈情感與認同〉。

第三、祖靈信仰與萬物合一

　　從知本古謠與口傳歷史，能認識祖先的作爲、個性與創世觀，從而認識所敬拜的祖靈的面貌。根據曾建次主教編譯《祖靈的腳步》，簡述知本始祖神話如下：

> 太初洪水滅世時，五位兄弟姊妹坐在形狀像臼的木頭中，漂流在海上尋找新陸地，登陸臺灣之後，當時天地都是暗的，大哥、大姐便化爲日月爲其他手足照路，另外的三位則落腳於臺灣各地，成爲各族群、世界各地人種的祖先。[7]（頁 21-26）

　　這個傳說表達許多概念，首先，祖先之外其實還有祖先（沒有被提及的五位兄弟姊妹的父母），含蓄地暗示人的眞正起源與第一因是人類無法完全捕捉、無法說破的奧祕。人化作日月成爲宇宙，除了代表犧牲精神之外，更表示人類心靈力量的驚人潛力，能化爲其他物種，以及萬物起源就是我們的祖先，人和天地宇宙有著親近密切的關係。因此人必須愛惜萬物，親近自然，人性中同時含有天性。[8]人的生命與存活來自於宇宙的供

---

[7] 另參 Anton Quack《老人的話》頁 24。他們被沖上岸的地方叫做「發祥地」（ruvuwa'an）（《老人的話》頁 20），位在知本部落南方約五公里，靠近三和村與華源村之間的台九線公路旁的山坡地，立有石碑，上面刻有「台灣原住民發祥地」。知本族人在此設有石板小屋，刻著三位登陸祖先的姓名：Paluh（派魯伍）、TavuTavu（塔巴塔布）、Sukasukaw（索加索加伍）。（汪憲治頁 34）索加索加伍和塔巴塔布按照太陽的指示隔板行房，產下各色石頭，迸出的變形人成爲漢人、西方人及台灣原住民祖先。（曾建次頁 26）母語老師盧英志則補充，這些登陸的年輕男女有可能是年齡相近的青年，而未必一定是手足關係。（2024/1/28）

[8] 與盧皆興及陳政宗 2007 年訪談，他們皆強調：「萬物就是我們，我們就是萬物」的觀念。

應，而人性得以維持來自於貼近大自然，兩者不可切割。另外，值得注意的是，這個神話表達男女皆參與了創世的過程。因此祖靈信仰是對生命起源的尊敬與緬懷，亦是一種哲學理念，將宇宙起源、萬物合一、人的定位都含括在當中。[9]

　　我在這一節將口傳歷史視為文本，分析其中的符號與意義，注意文本當中的暗喻、比喻、象徵等符號所形成的脈絡與「意義之網」。從口傳歷史中找出知本族人的「身分認同」，描摹祖靈的面貌即是知本人建構自身的形象與認同，而其自身的定位是和世界其他族群、宇宙的連結相關，無法將自己排除在外。知本人口傳歷史的世界觀如同十六世紀英國詩人 John Donne 詩作 "No Man Is an Island"：「沒有人是座孤島」。

　　從以上的整理可以見出，原住民文化極具內涵，然而卻少為人知，尤其是忽略祖靈信仰呈現的精神面貌。胡台麗以其對排灣族的研究指出：「以往把人間與神靈界切斷的結構分析僅看到一個層面，而未能進入排灣人更深層的關於生命與起源意義的心理世界。」（頁 184）這句話也適用於對知本的研究。從知本神話可見出神靈與人間的密切連結，更包含人與創世的起源以及心理世界。胡台麗進而提出建議：

> 我以為在可能的狀況下，應該盡量從祭儀的「活化文本」中去尋找，因為畢竟祭儀的語言與動作是該民族長期以來的文化結晶，以固定的形式呈現，是傳統文化的根，

---

9 部分內容發表於〈東臺灣南島民族之人觀與生態觀：以神話與當代展演藝術為例分析其在地發展與全球化之潛力〉。臺東大學「東台灣環境正義與發展國際學術會議」，臺東大學公共與文化事務學系，2013。

是現世與神靈界的聯繫，爲該族群求取最大的福利。（頁
219）

　　胡台麗強調學界必須重視神靈界的存在與現世的密切關
係，呼應前文鍾明德的觀點。他們的觀察無疑可以做爲更深化
臺灣原住民文化研究的指引，尤其是祖靈信仰的意義以及祖靈
透過祭儀產生的靈力，是和該族群的最大福祉密切相關。

知本祖靈信仰與部落結構

　　本書無意以一個案例代表所有原住民祖靈信仰的通則，而
是以基本的認識論推翻一些謬論，進而開啓更多的對話空間。
由祖靈信仰建構縝密的部落組織，足以作爲文化研究等重要的
參考價值與維護的人類資產。[10]人類學者終其一生可能只選擇
某個族的幾個部落，甚至僅鑽研其中幾個面向，因此我深知自
己的有限且承認力有未逮之處。關於知本祖靈信仰的研究，這
是我小小的起步，更詳盡的論述有待日後成書。這些年我對祖
靈的認識，不是透過制式化一板一眼的訪談，更多是在生活中
逐步浸淫，逐漸被啓發。有時是我主動請益，更多是族人主動

---

[10] 以下幾個田野案例印證祖靈的存在：巴卡路固家族林茂盛拉罕分享他被祖
靈揀選爲拉罕，是祖靈向巫婆託夢。（2022/12/31 & 2024/1/29自宅）這個
方式印證汪憲治的研究（頁51）；有位女士則分享她曾有兩次清楚感應到
與靈的連結，有一次她在祖靈屋內正拿著祭品，突然無法動彈，有位巫婆
見狀力拍她的背部，她才回過神，她自述有此現象是因爲跳過了某個重要
的祭祖步驟而被祖靈糾正。另外一次是她看見祖靈屋外有剛過世老人的身
影，她跟著某位婦女來到祖靈屋。（2023/7/18自宅）邁法尼耀拉罕陳政宗
的姐姐陳淑美則這樣告訴筆者，巫婆協助拉罕執行祭儀，是爲了傳承祖靈
的教導。（2023/7/17巴拉冠）

分享，就好像如聊天般自然互動。

　　關於知本部落的研究除可見於卑南族的相關文獻之外（見參考書目），以知本為主的文獻包括《祖靈的腳步》、《知本卑南族的出草儀式：一個文獻》、《祭師、治療者、薩滿？》、《老人的話》、《心知地名》、《天主教在卡大地布部落的發展、適應與變遷》以及幾本碩士論文等（見參考書目）。這些書各有主題，為建立對知本的完整認識有重要的貢獻，惟因本書的目的為印證祖靈的存在以及因而延伸的重要議題，而非建構對知本完整的知識論，恐怕也非一本書所能涵蓋，故僅於此簡述知本的部落結構，以及我對知本部落祖靈信仰的基本認識，顯現其獨特的社會結構如何有別於漢人與西方社會組織，值得受到重視並繼續維護。

　　卡大地布部落位於臺東市建業里與知本里，部落組織反映於幾座建築結構，運作的核心位置在知本部落文化園區。中心可見三座祖靈屋，左側依序是達古範（青少年會所）、巴拉冠（青年會所）；右側依序是文化發展協會、舊的祖靈屋改建的活動中心，此結構亦顯現傳統與現代並置的空間。

　　這些建築也顯示部落的精神核心與人際關係。主導部落儀式的是三座祖靈屋，供奉著三大氏族的祖先：馬法琉、邏法尼耀、巴卡魯固；其中邏法尼耀來自排灣族。[11]每位家族各有拉

---

[11] 在 Anton Quack 所著《老人的話》第 29 章提及邏法尼耀家族的祖源來自卑南族。但在曾建次主教所編的《祖靈的腳步》第 41 則故事並未特別註明這一點，甚至將標題寫為「容納外族入域」。在我和知本人的對話中，大部分的族人強調邏法尼耀家族是排灣族系。另參本書第五章註 30。

罕（司祭長、領導），在巫婆的協助之下，共同主持歲時祭儀，並對部落大小事給予聆聽及建議。在此領導階層下則由男性與女性按照年齡階層分工部落的大小事務：青年會與婦女會。三大祖靈屋內刻有祖先雕像，紀念先祖。[12]祖先承載部落的起源、先祖的遷移史、口傳歷史，進行祭儀也同時回顧緬懷這些歷史，崇敬祖先走過的路、並延續祖先與子孫綿延不絕的連結。

值得注意的是三位拉罕共治，在其上還有祖靈。靈性（祖靈信仰）加上民主（三位拉罕共治而非一人身為最高的統治者），在人的結構之上有更高的指引——祖靈，是非常罕見的社會組織。以目前的文獻來看，大多數雖然提及部落組織是環繞祖靈信仰而運行，但似乎尚未有本文提到的靈性與民主合而為一的結構。又如把焦點放在巫婆的祭祀與靈力，而未注意到三位拉罕的共治現象。雖說三位拉罕的設置是因為有三位祖靈、三座祖靈屋，但研究者不將其視為理所當然，而當繼續深究。從這個結構也看出，卡大地布部落原住民承認有更高於人的存有，此理念不會造成反智，降低人的尊嚴，而是人必須與崇高的根源連結。[13]在此筆者也想做一比較：由這點看來，似乎能

---

[12] Pakaruku 氏族祖先為 Tuku、Mavaliw 氏族祖先為 Sihasihaw，兩人為姊弟關係。參考陳映君頁 23。汪憲治則加上中文翻譯、不同羅馬拼音：Pakaruku 氏族祖先為 Toko 杜姑、Mavaliw 氏族祖先為 Sihasihaw 西哈希浩、Ruvaniaw 氏族祖先雕像為西哈希浩。頁 58。林茂盛拉罕 2024/2/15 補充：因當初 Ruvaniaw 氏族行經知本時，被 Mavaliw 家族勸留。

[13] 尤二郎長老、盧英志老師、鄭一郎老師皆提及，可以從經文印證有高於人類的 demaway（創造者）或是 kaitrasan（至高無上者）的存在；另參見 Anton Quack 頁 61、曾建次頁 19 口述人汪美妹（部落巫師）所述：「根據卑南族知本部落的傳說，人類的起源是由造物主（神）所創造。這可由祭

63

解釋何以臺灣原住民比較容易接受基督宗教，因爲他們相信有比人類還要高的精神體。相較而言，漢人的靈魂論認爲有一定修爲的靈，是能夠蛻變成神靈。人可以變成神，就不需要在人之上還有神的存在。從這個差異看來，少數接受基督宗教的漢人，其改宗的動機就非常值得探討。何以人能變成神的文化因素，並不阻攔其接受神比人更大的基督宗教觀。由此出發，可以成爲文化構作的因素。而知本歲時祭儀包括小米收穫祭、大獵祭、少年猴祭、除喪祭、發祥地祭祖、除草祭、祈雨祭。（汪憲治，頁 92）因篇幅所限，更因爲筆者關於知本的專書研究將在日後進行，避免在此自暴其短，在此僅以除喪祭爲例，簡述祖靈信仰當中的文化意涵。知本除喪祭過往於每年元旦舉行，後於 2008 年經部落會議討論之後改爲每年年末。12 月 31 日清晨獵人在山上營區完成大獵祭之後，帶著獵物下山至鳥占區，此時婦女與族人已架好凱旋門（或稱迎獵門）歡迎獵人返回部落，獵人在此由家人爲其穿上傳統服飾，並接受頭花，獲得越多頭花表示越受人敬重。隨後依著主持人的指令開始程序。長老與獵人在規畫好的區域或坐或站，並吟唱英雄詩，之後在主持人的唱名下，喪家頭戴草環，由不同的長老扶持到廣場的中心長木條坐著，其他族人環繞在四周。接著族人起身於喪家外圍進行歌舞。隨後喪家加入行列，最後以蹲跳 temilratilraw 結

司和巫士（婆）的經句和詩歌得知。」可參考 Quack（民 111）頁 61、68 幾則經文呼求 demaway 與 kaitrasan、《桑布伊同名專輯》第一首〈崇高的創造者〉。

束這個階段的除喪祭。[14]（根據本人田野經驗、參陀沉錄，頁68，敘述除喪過程、巴卡路固家族林茂盛拉罕補充 2024/1/27）

英雄詩族語爲 paHiLaHiLaw，「意爲『傳唱英雄事蹟及部落神話』，藉由敘事營造群體的凝聚力及歸屬感。」（汪憲治，頁26）筆者在此加上一點：藉由傳唱，將族人和歷史的起源以及祖先英勇的事蹟連結在一起，回歸到部落的起始點，更召喚遠古祖先的力量進行除喪，賦予族人除舊布新的力量。藉由祭典，族人複習歷史、召喚歷史、連結歷史、創造新歷史，將祖先的力量與教導傳承下去，猶如圓的循環。

隨後進行喪家除喪，此時青年會成員跟隨祭司長至各喪家。祭司長先進入家中爲家人祈禱：「祝禱的內容大意爲，由此開始你的哀傷已被解下，你可以被納入到歡樂的行列裡。」（參陀沉錄，頁 67-69）隨後青年會成員在門前進行歌舞除喪，這個階段由拉罕到家中祈福，脫下喪家的黑頭巾，並將其拉出家中，加入青年的歌舞。[15]除喪祭的精神傳達出，受苦的人不會孤單承受，有團體扶持安慰，猶如族人所說：除喪是「愛的關

---

[14] Temilratilraw 具有「向祖靈傳達訊息」的神聖性。（陀沉錄，頁 95-96）

[15] 關於除喪祭的詞曲詳細分析，請參考陀沉錄碩士論文頁 119。其中一首祭歌名爲 parusavak，歌詞簡要翻譯爲：「在祭司除喪過後，你們這些喪家回復其原本之身分地位，現在從歌舞的後方謙卑地進入歌舞的行列中，迎接新的一年。」值得注意的是，parusavak 源自排灣族。根據口傳史，知本部落曾與南方的排灣族作戰，凱旋倖存的勇士祭悼英勇戰亡的族人，在除喪祭時吟唱此曲，日後納入除喪祭的傳統。此祭歌並不見於其他卑南部落。（陀沉錄，頁 79、104、107-109）

懷」。[16]

最後是傍晚時分，全體族人聚集在巴拉冠前，先進行歌舞，再邀請喪家加入，隨後分享狩獵的成果。除喪的最後一個階段以歡慶分享作爲結束，載歌載舞、以身心投入迎接新的生命階段，「不再被隔離，而重新加入部落的生活中。」（陀沅錄，頁69）除喪祭持續一整天，循序漸進由早到晚、由公領域到私領域，有歌有舞，是結構完整、旋律悠遠的典雅祭儀。

本章節因篇幅所限，僅能簡述除喪祭的簡要意涵，這些詮釋包括前人的研究，亦加上本研究者的分析，希望達到雖然簡要，卻儘量掌握要旨。讀者可以藉此想像，每個祭儀的研究都可能構成一本書的分量，每首歌是生活的結晶，是知本人的詩歌，是對祖先的讚頌。其分量足已單獨成書，在此雖無法完整呈現，但至少傳達了知本文化內涵何其浩瀚的目的。

天主教的靈魂論

前述提到至今仍有基督宗教人士反對祖靈信仰，不如從天主教的靈魂觀與相關文獻審視這類衝突的起因，除了提供跨文化的觀點印證靈魂認識論對認同的重要之外，更因爲在原住民部落（爲不少漢人基督徒亦然），基督信仰與傳統信仰產生必須

---

16 可參考 2014/12/31 原住民新聞台報導知本除喪祭影片，幾位受訪人提到除喪表達團結與愛的標誌。https://www.youtube.com/watch?v=vxpVnOwjnPQ 擷取日 2022/12/8。研究者除長期田野觀察之外，親身參與除喪祭的包括2015 年爲母親過世、2023 年義母過世的除喪祭，深深感受除喪祭的力量。亦曾聽過到知本觀察除喪祭的臺北藝術大學師生說：「我們漢人沒有除喪祭，這是我們缺少的。」

二擇一的衝突，使信友的自我認同產生極大的痛苦。

　　從我自身的例子以及以下文獻可以發現，信仰若是缺乏獨立思考而籠統吸收，將變成僵化的教條，甚至是出於無意的怠惰而不深入追究，不僅對自己造成傷害，更對他者的信仰形成壓迫。信仰需要理性的光照：「信仰與理性從來不能互相牴觸，反而相互支持，因為正確的理性證明信仰的基礎……」（谷寒松，頁76）

　　以下先簡述基督宗教關於「聖靈」的教義。[17]耶穌復活之後交代門徒務必等候聖靈的降臨，因為祂昇天之後，門徒不能再見到祂的肉身，但是可以經由聖靈繼續受教於祂，進而去做天國的工程。（若十四 16、26；十五 26、27；十六 7）從認識論或經驗論，聖靈對於教友是至關重要的教育及體驗。這也可以令人放心地說，基督宗教不是由人的腦袋所發明出來的，而是有超越理性的靈力，能對個人、對團體（例如教會）有所通傳及啟示。

聖靈是生命力

　　首先，生命與氣息來自於聖靈。「上主天主用地上的灰土形成了人，在他鼻孔內吹了一口生氣，人就成了一個有靈的生物」（創二 7）。[18]聖靈又如氣：「氣是生命的象徵，沒有氣就等於沒

---

17 Holy spirit 天主教翻譯為聖神，基督教翻譯為聖靈。本文因比較祖靈與聖靈，因此採基督教翻譯，這種押韻式的對照更能突顯靈與靈之間的異與同，或視引用文獻亦採用聖神的譯法。

18 關於聖神較完整的介紹，請參考金毓瑋《你不可不知的聖神 7+9》，上智，2023。

有生命⋯⋯『氣』對中國人尤爲重要，我們甚麼都要講『氣』。
而聖靈就是我們的『氣』。」[19]同時，人在靈性上的更新，人能
夠有所領悟、悔改、對於某個眞理的心領神會，都可說是受到
聖靈的影響：「我還要賜給你們一顆新心，在你們五內放上一種
新的精神⋯⋯」（舊約則卅六 25～27）。聖神不僅與教友有來
往，祂也能啓示非教友。「祂臨在於追求正義與和平的每一行動
中，祂爲心靈的革新而工作，祂啓發所有眞正的社會的進步。」
（蘇穎智，頁 42-43）

　　總而言之：

> 天主聖神瀰漫著所有受造物。天主聖神是生命的賦予
> 者，也是生命的支持者。聖神重新創造了最原始的混沌
> 與受造界，帶來秩序與壯麗。⋯⋯聖神透過現今世界多
> 樣的宗教體系，也在其中，繼續作天主的創造性媒介。
> （洪智偉，頁 14）

　　由此推論，聖神也能透過原住民的信仰推動正義、和平，
符合眞理的行動。也因此，我們需要對原住民祖靈信仰、甚至
臺灣各宗教能夠有更多的理解和對話。[20]

---

19 蘇穎智《認識聖靈》香港福音證主協會，1995。另參舊約創二 7，若二十
　22。
20 例如谷寒松說：「對其他宗教有關人的領悟，基督教的神學家尚需加強吸
　收，不斷開放心胸，學習生活的上帝在其他宗教中已經播下的種子。誰能
　說不該由佛教學習慈悲、解脫，明心見性等的內在平衡？誰又能繼續忽視
　老子《道德經》對道、對德、對生命的透視？」（頁 29）

天主教靈魂論

　　前幾段已提及道教研究學者蔡怡佳整理的漢人靈魂觀，在此以天主教的靈魂論互相對照。天主教認為人的靈魂有三個去處（或狀態）：天堂、煉獄、地獄。天主教在煉靈月（十一月）藉由祈禱與彌撒幫助靈魂早日脫離煉獄進入天國。可見靈魂仍然能夠蛻變領悟，而活著的人可以幫助他們，他們也能為在世的人祈禱。在「諸聖相通功」中，無論是聖人、凡人，都能透過彼此的善意、祈禱、努力與行為，建構成互相流通的循環，彼此受益，而無論這個人是古人、今人、活者、逝者，都有為這個循環盡力的可能性。[21]由這一點看來，是能夠和蔡怡佳的論述互相對話。正確的認識論能為人帶來啟示與光照，子孫可以和祖先有更健康的連結，而非受制於過往相處的負面回憶而受制於恐懼。如此，人不會一直受到過往牽制，能擺脫沉重的罪惡感與負面思維，進而展開新的行為模式與生活。[22]這種從觀念與思維上的改變，有助於人整理潛意識中妨礙自我的習性，進而朝向更好的認同與實踐，群體中這樣的個人增加，勢必影響群體的改變。改變對祖先與靈魂論的認知，進而重新構

---

[21] 參梵諦岡廣播電臺
http://www.radiovaticana.va/cinesebig5/catechism/1credo/67comunione.html.
擷取日 2023/12/23。

[22] 心理諮商有一派著重原生家庭的治療，處理親子之間未解的問題，若生前未處理，待父母死後成為「祖先」，這些未解的事件與回憶極可能繼續干擾當事人。然而本章提到的靈魂認識論，特別是靈魂能蛻變的這個特質，能補充所謂原生家庭的治療，釋放當事人的心靈重擔，重建新的心靈模式，這是宗教對心理治療能作出的貢獻。因此對於人的認識論必須加入超自然層面，才不至於壓縮人的本能。

作自我認同，是很具體的**文化構作**。從文化構作的角度探索宗教對人的影響，能拉近信仰的實踐面，不至於使宗教與生活處於切割的情況，信仰歸信仰、生活歸生活，而是使得信仰如酵母般自然而然融入生活、影響生活、進而影響決策。正如谷寒松所注意到的，信仰必須落實於實際生活，無論是神學的教導或基督徒的培育皆必須「注意宗教生活與家庭生活、社會生活、政治生活之不可分……。」（頁5）

我們在教育、甚至是家庭生活中，不容易學到如何面對人性的軟弱，通常只有透過文學、電影、藝術或流行文化，間接看見這些議題如何處理。但不是每個人都有詮釋的能力，正如不是每個視聽者都有媒體識讀的能力，因此我們極需學習如何面對與處理軟弱的一面。而若能以奇異化的角度看待信仰，信仰就不僅是脫離生活的安慰劑，離開教堂或道壇之後，信仰便與生活無關，反而應當思考信仰與文化如何相關。本章從靈魂論的角度來審視各宗教的認識論，若能在生活中驗證，是可以產生積極的效果，對人的認同更加紮實。

祖靈與聖靈

知本除喪祭帶給我的震撼令我想更認識祖靈，甚至因而幫助我開始更渴望認識聖神（聖靈）。既然祖靈都這麼強大，耶穌的聖靈豈不更是超越人所能想像？首先，如何解釋無形無相的神？對不少人來說，神是抽象的或甚至是不存在的。教友則透過聖神的果實（仁愛、喜樂、平安、忍耐、良善、溫和、忠信、

柔和、節制），以及聖神七恩（上智、聰敏、超見、剛毅、明達、孝愛和敬畏天主），確認祂的存在。在此也對照基督教與天主教聖經對於神的解釋：「神是靈。所以拜祂的必須用心靈和誠實拜祂。」（約四 24）（基督教翻譯）「天主是神，朝拜他的人，應當以心神以眞理去朝拜他。」（若四 24；天主教《思高聖經》）"God is spirit, and his worshipers must worship in the Spirit and in truth." （英文 NIV 版本）

　　如何以心靈敬拜無形的神，進而能與祂溝通，是信仰的挑戰。爲基督信仰，人必須與神有直接的來往，儀式雖然有助益（參與聖事的重要），卻不能取代人以心神與神來往，尤其這份關係還會日益加深。這也說明何以認識聖靈如此重要。神有靈，人有靈，靈彼此之間是可以溝通感應的。〈創世紀〉記載人是由神的呼氣而被造就的，人的氣息有聖靈的呼氣在內。祖先有靈魂，人有靈魂，耶穌當然也有靈魂，祂升天離世之後，人不再能夠以肉眼直接看到祂，但是祂能夠以自己的靈（聖靈）啓發人，和信友保持連結。

　　而原住民相信祖靈可以透過夢境或祂想要的方式和子孫溝通，表示人的靈魂能夠接受啓示與感應，豈不是能夠爲接受聖神論，是很重要的預備？人類祖先的靈可以和後代感應，作爲神的基督其靈魂豈不也有這樣的能力？認識靈魂論可以幫助人相信聖靈的存在以及對人的啓示。祖先可以視爲引導人邁向更大善神的先知，知道祖先有靈可以推敲創造祖先的更大生命力，更起初的源起。唯獨神能夠創造人的靈魂，如此看來，不

知「祖靈為邪靈」的邏輯何在？對話能為宗教認同的紛爭帶來理性與平和的對談，能釋放恐懼，同時也帶來分辨的責任。

為基督徒而言，對天主忠心不表示逢其他靈必反。雖說不必逢神就拜，也不必逢靈就避，正如耶穌會洪智偉神父所言：

> 所有在宇宙中被巫醫召喚來為病人治病的不同神靈，也是天主創造的一部分。這並不是要忽略有些在惡意要求下，被企圖不良的巫醫利用的惡神的事實。但是，必須永遠肯定並主張創造是源自於天主愛的創造。（洪智偉，頁 13）

這些不被基督徒理解的靈，若能從信仰角度認識，不也可能在某些時段面目清晰，而無須被基督徒戒慎恐懼，進而因為含糊的認知而引起認同錯亂。

奇異化宗教：信仰的衝突與對話

延續上述的鋪陳，以下幾段要處理教會對於原住民信仰的傷害與重建，這些攸關原住民的認同與心路歷程。尤其重要的是，因認知的不同而產生的破壞至今仍在發生。例如陳文德 2017 年的研究：「在 P 教堂的事例，反而發生同禱會與教友之間的爭議、教會的分裂以及教會與部落之間的緊張。」（頁 146）以下分別爬梳教會曾經如何破壞以及維護傳統信仰的簡史，最後是當代教會要面對的挑戰。

1950 年左右在阿里山傳教的「長老教會及真耶穌教會⋯⋯以基督宗教的名義，排斥所有象徵鄒族身分的傳統儀式，例如：

Homeyaya 各家族對祖先的敬拜、Mayasvi 戰祭……等。」（丁立偉、詹嫦慧、孫大川，頁 38）天主教內則對於原住民傳統信仰存在著不同的態度。詹嫦慧提到：

> 有些主教或神父指責原住民的傳統信仰是迷信……紀百祿（巴黎外方傳教會神父）認為這個態度問題很大，不同文化背景在宗教的表達上當然會有差異……。他希望神職人員放下身段，多瞭解原住民傳統信仰的意涵，不要主觀否定。（頁 152）

例如，聖言會溫安東神父認為：

> 鄒族跟神有活躍的來往，他們的宗教經驗自然原始而豐富……，鄒族的語言很美，可以表達心靈較深的體驗……原住民的文化不能離開宗教，鄒族文化的核心就是神與人的來往，這也是族群生命與活力的來源，……讓傳統精神成為基督奧體的一部分。（詹嫦慧，頁 143）

聖言會傳禮士神父（Rudolph Frisch）則

> 不斷鼓勵他們保留鄒族傳統文化中美好的部分，包括對祖先的敬拜、Mayasvi 戰祭……等。他跟居民解釋，基督宗教宣揚的天父創造一切，也含鄒族的祖先，鄒族的傳統信仰事實上是以很美的方式讚頌天主父。（詹嫦慧，頁 225）

阿里山的頭目汪念月則「認為鄒族的生命是天創造的、是祖先創造的，哈莫天神（Hamo）就是耶穌，就是天主，只是名字不同而已。」（詹嫦慧，頁 225）原住民第一位新聞主播馬紹‧

阿紀說：「泰安堂區的美國神父徐立仁，他很融入泰雅文化，將祖靈祭帶到彌撒中……」（詹嫦慧，頁246）

出身於知本部落的曾建次主教則「積極推動教會神學的本位化。……鼓勵教友，勇敢將族群文化融入教會禮儀中。」正因爲：「重視各民族不同文化是耶穌基督的精神，就像使徒保祿說的到羅馬就成爲羅馬人，到希臘就成爲希臘人，到了原住民部落當然要成爲原住民。」（詹嫦慧，頁159）因此「做爲一個原住民的天主教徒，福音的接受，不必付出與自己民族文化決裂的代價。」（詹嫦慧，頁315）而知本部落早期本堂費道宏神父與人類學學者山道明神父合作，盡力紀錄歲時祭儀，當今知本部落可以某種程度保留傳統文化，這兩位神父以及曾建次主教居功不小。（參陀沅錄，頁43-44以及本人數次田野調查記錄）在維持傳統信仰與基督宗教上，知本的案例值得重視。雖然這不代表知本部落完全沒有信仰上的難題，但教友們在宗教對話的努力上有很重要的貢獻。根據陳映君在知本數年的田野調查經驗，作出如下的觀察：「今日部落與天主教的互動是正向的彼此尊重、妥善協調並相互配合……維持著穩定而協調的互動關係。」（頁135-136）且天主教爲部落「留下了珍貴的田野資料。」（頁134）

在卡大地布部落，執行祭儀的林茂盛拉罕亦是天主教教友，對他來說，傳統信仰和教會的教導是不相衝突的：「神創造每個族群的靈，神話告訴我們有造物主demaway，之下是祖先temuwamuwan，毫不衝突。」（林茂盛2018/7/19）林茂盛拉罕

引用曾建次主教的解釋：「最大的是神 demaway，從知本石生神話就可以知道；祖靈不是邪靈，雖然祖先的靈有善惡之分。」（林茂盛 2018/7/19）又如教友盧英志與鄭一郎的答覆，至高者的存在有祭典經文的印證。[23]（2023/7/17）澄清祖靈的面貌之後，連帶能肯定祭儀的其他面向，例如巫婆存在的意義：

> 教會必須鼓勵神職人員與巫醫在使命上共同合作，以作為天主的補充媒介……帶來治癒與健康，並因此成為天主給部落的恩賜。不是稱「其他人」為魔鬼，反而該是時候去稱「其他人」為天主的補充媒介與恩賜，是天主把治癒的德能帶給我們民族的管道。（洪智偉，頁 17）

文化是認同的根基，是生活踏踏實實的內涵。基督徒該思索如何在這個根基之上以信仰增添生命力，否則信仰可能成為囫圇吞棗、水土不服的西方仿製文化。關於信仰與文化之間的密切關係，我們有許多需要努力的地方：「人生命中最深的深度，是人的精神面。……不論學到什麼，還有更多要學習之處。」（洪智偉，頁 10）亦如陳映君所言，信仰與具體生活以及文化之間的關係是「不可分割」。（頁 139）這也印證宗教能成為文化構作的內涵。[24]

耶穌會洪智偉神父在印度參與民間宗教而對信仰有更深刻的體悟：「天主超越任何宗教體系，有完全的自由來選擇他們其中之一，即使是原始宗教，作為給世界帶來治癒與和好的救贖

---

[23] 可參考本章註 12

[24] 本書先初步印證文化構作的合理性，在運用性質上屬於通論，專書的運用則有待日後。

工具。」（洪智偉，頁 17）這番體悟絕對可以運用在我對卡大地布部落傳統祭儀的經驗。

靳菱菱則提出基督宗教對原住民認同的努力：

> 部分教派（如基督教長老教會）入世立場及積極培養原住民籍牧會者的政策，則啟動原住民對自身處境的反省，成為一股推動族群政治發展不容忽視的力量。對教會來說，它不但宣揚跨越文化藩籬的普世價值，企圖在不同族群的文化傳統中找到融合點，同時又鼓勵每個族群保有個殊性（建立差異性）。這個看似互斥的現象其實有助於理解原住民傳統文化如何透過西方宗教找到面對社會變遷的機制，也對過去著重單一勢力（如國家或資本主義）對原住民文化改造有不同角度的思考。（頁98）

上述觀察與爬梳即是進行原住民的文化構作，在當中找出文化的優缺與演變，以及成為當代原住民如何在認同上有所依歸。誠然，這不會是簡單的工程，如靳菱菱所觀察的：

> 教會對臺灣原住民文化的傳承及對族群認同的影響是當代族群研究的重要議題。儘管教會啟發了族人對自我的認識，近幾年卻面臨宣教本土化的策略及信徒流失的雙重挑戰。而依靠教會所進行的文化傳承能否永續、宗教與族群認同如何轉換，則需要更多的實證研究來支持。（頁 103、104）

最後，我以這段話作為本節的結尾：「教會是一個強而有力

的制度，應被視爲保護亞洲與世界原住民文化遺產與認同的防線，而不是像過去或在我們的時代中，教會對原住民文化所作的破壞一般。」（洪智偉，頁 17-18）從我所閱讀的文獻或親身的田野經驗，我益發認爲，教會對於自己牧養的子民—原住民族群，應當對其文化有更深的認識與尊重，而非如過往般的含糊其辭、甚而至今仍認爲巫文化等同於巫術。[25]跨文化與全球化督促我們更深刻的檢視自己對信仰的認識，從而讓人類因而尊重彼此、豐富彼此，人性的演進落實於族群關係以及宗教對話。

靈魂認識論與認同

經由以上論證發現：無論哪一個族群，都相信精神層面，子孫藉由儀式協助祖先，祖先亦能庇佑子孫，這意味著靈魂有可能蛻變，人死後的精神狀態會因爲他人的關心與祝福而持續改變。或者也意味著，生前沒有學會的將在死後延續？生前沒有覺悟的死後將有所頓悟？懊悔？或持續執迷不悟？祖先與子孫之間靈的連結也有善惡之分，效益有善惡之別。假設如此，學習靈魂方面的知識不僅是爲了祖先，也是判斷自己所做的決定如何因爲對祖先的認知而影響是非善惡，並且能預備自己日後死去，靈魂的去處與狀態。知道死後有靈，且靈魂的狀態有

---

[25] 關於基督宗教應對原住民文化有更多的認識，可參閱施正鋒（2018）《轉型正義、基督宗教、解殖民》。花蓮：台灣原住民族研究學會。其實對原住民文化的誤解不僅存在於宗教界，也存在於教育界，長期以來的歧視也影響原住民對自我文化的認知。

善有惡，能有助人重視在世的決定，明白個人的抉擇與職責將影響群體的走向，包括對認同的理解與選擇。這並非不科學的事，而是以文化研究的角度理解精神世界與現世的關係，本章以明確的文獻與眾多真實體驗加以佐證。

　　至於無論投胎轉世是否確有其事，人死後精神生命不會停止，轉換成某種形式存在而繼續學習，這是可確定的。對此我們可以繼續推敲，人無論是死後以靈的狀態存在或是投胎轉世的觀念，這種不斷學習的意義何在？人類有可能因而不斷進化，活出更高的智慧與慈悲，越來越認識生而為人的意義與使命。假使人可以選擇進步或退步，是甚麼影響了抉擇？對靈魂論有足夠的知識與判斷會幫助我們回應以上的議題。

　　當我們把這樣的認識論運用在認同，也可能影響漢人的國家認同與對他者的態度，擴大對於同胞的定義，以善待彼此來盡孝盡忠。當我們知道精神不滅，一方面戒慎小心，一方面知道人死後仍得救贖與淨化，人不會對生前的罪惡如此恐懼與沉重，人是有希望的。亦可以從目前沉重複雜的國家認同情緒釋放出來。當情緒被理解、經過整理，理性對談的空間就可以被創造出來。

信仰的奇異化：祖靈與聖靈

　　我是天主教徒，也尊敬祖靈，信仰天主和緬懷祖靈是不相衝突的，因為給予我們生命的起源是不可能互相矛盾的。根據《聖經》〈創世紀〉，神將自己的氣息吹入人內，人的氣息有神

的氣息，亦即是漢文化所謂的天人合一。神創造的人類也包括原住民，因此原住民的祖靈在起初就已接受神的氣息，由此看來，祖靈和聖靈是彼此交融。而按照「諸聖相通功的說法」，不斷接受子孫敬拜的祖靈將持續蛻變，給予子孫祝福的生命力更大，與子孫的連結綿延不斷。從文獻與邏輯推敲而來，聖靈與祖靈的關係經得起理性的檢驗。如此看來，祖靈信仰不僅不能中斷，更不可「去靈化」，造成如前文鍾明德所說，無神去靈的祭儀造成空洞的外殼。傳統祭儀是維繫部落認同的命脈，是一種生命態度，將宇宙起源、萬物合一、人的定位都含括在當中，代代相傳。更可說，原住民的文化構作包括對祖靈信仰的重新認識與建構。

　　我從很單純地想認識祖靈的動機，連帶探討到漢民族與基督宗教的靈魂論，因而有了本章的體悟，更從引用的文獻印證，正確的靈魂認識論能對認同產生積極的影響。本章所爬梳的文獻也顯示，嚴謹的學術研究能成為傳遞正義與和平的前驅，平息原住民因宗教造成的認同衝突，甚至可能開展國家認同理性對談的空間。以文獻與實際經驗說出真相，為苦於認同的民眾帶來心安，是很實際的正義體現。

　　本章節印證了〈前言〉所述，原住民的認同與漢民族的認同並非平行的兩條線，靈魂的認識論成為兩者的交集，而從論證祖靈信仰的過程，一路追尋到漢人的祖先觀，又牽涉到基督信仰的聖靈論，三者看似互不相關的平行線，原來有著密切的關連，甚至與認同以及正義有關。本章亦論證了奇異化能對文

化產生積極的構作效果：不理所當然地切割上述三種宗教觀，見出當中的關聯，為更大的認識論鋪路，進而創造新認同。

第三章　陰影與認同

　　本書在撰寫的初期原先只想處理原住民認同，但在閱讀文獻的過程漸漸意識到，臺灣漢民族三大族群亦存在嚴重的認同議題，以及彼此歧視，因此便將國家認同的議題也涵蓋進來。在前一章已提及，多族群的共存督促我們以跨文化的角度來審視族群正義，而首先聚焦在認同的議題。在國家認同議題上，國人很容易將不同立場的人視爲「敵人」，即使我們不明顯地使用這樣的字眼，但是在政治議題上，可以從不同陣營看見劍拔弩張的場面，再現彼此敵對的心態。論及對對手的態度，耶穌的看法應該是奇異化的大成：「愛你的敵人。」這不僅在日常生活都很難實踐，在政治議題上更是天方夜譚。不過若是我們先從心理學來解讀耶穌的這番話，或許能一詳端倪。

　　在〈瑪竇福音〉第十三章耶穌說了一個比喻，家主和僕人面對麥田當中夾雜著莠子的現象，僕人決定要拔出莠子，家主卻任憑這兩者一起存在，免得拔出莠子的時候不小心連帶傷到麥子。（十三 24-30）關於這段經文有很多解釋，而聖經之所以可以視爲文學是因爲當中用了許多比喻、暗喻等手法，因而允許詮釋的空間，而基督徒也可以將其運用在生活中的啓示。我從心理學「陰影」的角度詮釋這個經文，麥子與莠子同時存在的現象可以比喻成我們每個人的狀態，我們是優缺並存的。但這段經文的啓示是，對付缺點的方式不要用激烈的拔除、去之

而後快的方式。但我們往往用對抗的方式對待自己的缺點，因此引起內在的自我衝突，甚而對他人投射自己不能接受的陰影而引起許多干戈，這種情況也反映在認同議題上。本章從心理學、神學、神話學、符號學等角度詮釋「陰影」（我們無法覺察或不能接受的黑暗面），再串聯到個人與國家的認同議題。

《聖經》以比喻點出人的真相：我們是優缺並存的，也無須苛求自己完美，至少不是狹義的、社會化所定義的完美，這種人不存在，我們也無須成為那樣的人。而何者為優、何者為缺，其實有很大的詮釋空間，兩者的存在是相輔相成的。優點若是過度放大可能造成驕傲，而知道自己充滿缺點，卻可以提醒自己需要謙虛。心理學與文學再現人類的陰影現象，如何面對陰影將產生積極的意義。從面對自我的陰影可以理解很多事、改變很多情況；若有棘手的人事物，至少能面對與放下。處理國家認同議題更是需要先從個人認同開始理解。

臺灣國家認同爭執的一個關鍵點是何者能代表正義的一方。正義亦是世界向來關注的議題。然而人類歷史文明與黑暗並存，至今沒有任何國家或個人能宣稱已做到正義與和平，仍是在努力進行的課題。事實上，**正義必須先從心理的層面做到**。個人無法對自己做到公義，內在分裂，攻擊他人，如何能指望世界和平？臺灣國家認同的過程亦存在這種現象，在國際場域呼籲各國正視臺灣不被平等對待，但各個族群是否公平對待彼此？人如何對待他者照映出的是自己的真相。正如希臘悲劇《特洛伊的女人》當中安卓瑪姬皇后對俘虜他們的希臘軍人悲嘆：

「你們這些希臘人，折磨他人的方式是多麼的反希臘。」[1]諷刺自居文明人的希臘人，殘忍對待敵人的方式出賣了他們的眞相。把內在的殘忍投射到外族身上，這就是我們的眞面目。

劇作家尤里皮底斯寫出本劇譴責希臘軍人的殘暴，可說是最早剖析國家陰影的劇本。擁有哲學博士學位擅長比較東西方文化的聖言會田默迪神父提出他的疑惑：「何以偉大的中華文化卻孕育出分裂的民族？」他曾在非洲教學，面對內戰頻仍的某些非洲國家，他說：「內戰是因爲不了解人的價值。」恐怕我們得先放下圍繞認同的各種言說而回到本質：認清文化當中的陰影如何製造了人格的偏差。缺少對於人的尊重與理解，紛擾不會停止。國人也必須具備勇氣審視自己。心理學給予人性黑暗面一個具體名詞「陰影」，來解釋人類不理性的力量以及表裡不一的現象。令人安慰的是，陰影並非只是破壞的力量：「陰影絕非是純粹的罪惡……它隱藏著一種潛在的善……是邁向圓滿成熟之路所必須的……。」（盧德，頁 76）若能認識文化中的陰影，理解心理學說的投射，不僅個人突破盲點，停止破壞力，進而發揮被忽略的潛力，更能對個人與國家認同帶來新的視野。

傳統漢文化尊崇聖人與君子，然而歷代對傳統文化黑暗面的批判從未少過，例如：《史記》、《官場現形記》、《聊齋》等；又有五四運動的反省，最激烈的批判是文化大革命。相對來說，針對原住民文化陰暗面建構出的學術批判或創作則不爲國人熟

---

[1] Hamilton, Edith. *The Trojan Women* by Euripides. 書林，民國 73 年，頁 37。
　英文：　"O Greeks, you have found out ways to torture that are not Greek."

知。然而各族的神話或多或少描述了人性的黑暗面，人類並不完美。例如知本部落關於變形人的神話：變形人的眼睛長在膝蓋上，但發現這會帶來種種的不便，且眼睛容易在草叢行進中被割傷，便自行調整眼睛的位置，漸漸人類的五官都找到其恰當的位置，在行動與功能上確立是人類當今的樣貌。（Quack《老人的話》，頁 74-75）這個古樸的神話某種程度展現了知本的進化論，人知其位置需要經過摸索、嘗試錯誤與進化等過程，並非一蹴可幾。雖然故事的焦點是外貌的變化，但可以從故事五官作爲符徵而詮釋其符旨，簡要地涵蓋人類整體的進化。[2]本書主要分析漢文化的陰影如何影響認同，以陰影聚焦分析認同中的盲點以及突破的可能性。

陰影釋義

在現代心理學出現之前已有神話、聖經、文學等文本描述人的陰影現象，例如英國小說家 Robert Louis Stevenson（1850-1894）作品《化身博士》（*Strange Case of Dr. Jekyll and Mr. Hyde* 1886）。主角傑克 Jekyll 醫生平時爲謙謙君子，但在喝下自製的藥劑卻成爲殘暴的兇手 Hyde，這本書成爲描述人格分裂的文學經典，問世時榮格（1875-1961）尚年幼，關於人格分裂與陰影的科學研究可能尚未形成，但卻藉著文學深刻的傳達出來。榮格提出人類具有集體無意識，無意識是「先天的」、「帶感情色彩的情結」（鴻鈞，頁 28），在無意識內藏有各種好與壞

---

2 這個神話還有其他詮釋的可能性，本書僅提供此一詮釋。

的潛力，但能透過神話與童話浮至意識層面，而陰影也存在於集體無意識中。每個人都有陰影，這看似令人避之唯恐不及的黑暗卻是與自己相遇的重要契機：

> 與自己的遇會首先是與自己的陰影的遇會。那陰影是一條狹路，是一道窄門，任何走下深井的人都逃脫不掉那痛苦的擠壓。但人們必須先學會認識自己，才能知道自己是誰，因為那門後湧出的是些令人驚異不已的東西⋯⋯如果我們能夠看見陰影，並且能夠容忍有陰影存在這一事實，那麼問題的一小部分就已經得到了解決：至少我們把個人無意識挖掘了出來。（鴻鈞，頁 50）

然而在實際生活中，甚至是教育中，民眾如何認知個人內在陰影，以及因而投射在國家議題之相關研究相當少見。我們很少在教育中學習如何處理衝突及陰影。這顯示出，單單以習以為常的文化來學習做人是絕對不足的。強調外在的形象而忽略內在的光景，不僅易造成偽善，更因內在的不和諧引起內外干戈，造成個人與群體的衝突及傷害。陰影的存在解釋了人類集體不理性的行為，心理學家瑪莉路易絲·法蘭茲（Marie-Louise von Franz）這樣分析：

> 陰影所受的集體影響，遠比受有意識性格的影響大得多。⋯⋯一旦「別人」做一些黑暗原始的事物時，他就擔心如果自己不參加，會被看作一個傻瓜。因此他便屬從於根本不屬於他的衝動。特別是在與自己同性的人接觸時，人們常常被自己和他人的陰影所壓制。（榮格，

民 88 年，頁 201）

族群衝突可說是屬於這類的集體陰影效應。盧德則指出「陰影……是人最想要隱藏或否認的部分，同時它也相當於個人心靈中的『盲點』」（頁 63）。而「集體性的陰影……造成社會性的、國家主義、種族主義等等的集體性陰影」，例如希特勒與納粹主義、省籍情結等等。（盧德，頁 76）盧德是極少數以心理學的陰影論分析臺灣認同的盲點，可說獨樹一格、發人深省。

當代心理學能提供關於陰影的知識，兩千年前耶穌便深諳陰影的存在，若我們忽視自己的陰影，是很容易對他人投射：

> 你們不要判斷人，免得你們受判斷，因為你們用什麼判斷來判斷，你們也要受什麼判斷；你們用什麼尺度量給人，也要用什麼尺度量給你們。為什麼你們只看見你兄弟眼中的木屑，而對自己眼中的大樑竟不理會呢？（瑪七 1-3）

這段聖經具體描繪出投射的心靈狀態，以心理學觀點來看，是很深刻的心理分析。嚴格來說，投射也是一種不正義，因為沒有善盡自我認知，反而去攻擊他人。這種因內在盲點而產生的外在撻伐是需要正視的。這是因何我們需要以心理層面來理解正義的原因。

內在的二元對立與排斥異己

人類以壓迫手段對待異類，某部分原因可能來自內在陰影的投射：不能容忍內在異質性，總認為自己應該是完美的，有

某種理想形象,將自己分裂成善惡兩面,以自己的善去攻擊、嫌棄自己的惡,我們對自己也有一言堂。更嚴重的是,完全不去意識到自己有不善的一面,而投射到他人身上,攻擊他人。人必須先愛自己的陰影,當人能夠從自己身上體會接納異己(自己無法接受的陰影)的重要性,將能往外運用在尊重與我們不同的人;這樣將有助於理解不同認同觀的人,進而開啓對話的可能性。

我們所排斥的陰影有著強大的潛力,督促我們誠實、完整、進化、蛻變。我們的成熟與完整需要與他人一起完成。

> 榮格⋯⋯把陰影提高到意識面,接納、包容這個事實,使之成爲倫理責任的一部分⋯⋯停止審判自己⋯⋯審判他人。除非我們原諒了自己,接納、包容、甚至欣賞自己的不完美,我們才眞正學會寬恕、愛,並欣賞異己。(盧德,頁 63-64)

愛自己內在的陰影有助於愛外在的敵人。愛敵人首先必須運用在自己身上,然而面對陰影是非常艱鉅的心靈工程。

逃避陰影

世界上最難的事,是面對自己,坦然活下去。

——《豐臣公主》

人那麼不願意面對自己的眞相,指責他人時理所當然,卻

沒有面對自己的勇氣。所以人用神話、弄臣、暗喻、戲劇來迂迴表達。屠圖主教也提到人不容易認錯（頁302）：

> 我們都知道承認錯誤對我們大部分人來說是多麼艱難的事情。這也許是世界上最難的事——在幾乎每一種語言中，最難啟齒的都是「我很抱歉」。因而，那些被指責犯下滔天罪行的人以及他們為之服務的群體，總是找出各種藉口為自己開脫，甚至不承認自己會幹出種種暴行，這也沒什麼奇怪的了。他們採取否認策略，聲言某某事根本沒發生過。

盧德則提出「……缺乏適當的契機，大部分的人仍習慣用自己既定的反應模式——人格面具——來應付周遭的世界。」（盧德，頁93）這是何以改變是如此艱鉅的原因。

除了聖經中耶穌提到陰影的現象，遠在六千年前的希臘神話〈伊底帕斯〉亦是經典。早期研究將這個神話詮釋為人與命運之間的關係，甚至認為命運是宿命的，無論伊底帕斯如何努力，他逃不過出生時賦予他的預言。然而若從陰影的角度詮釋這個文本，將洞察人類逃避的心理現象。而神話不僅是文學，更具有真理的價值：

> ……開創解構理論的德希達（Derrida）也指出了，依據哲學理性所表達的「真理」，有時並不見得強過文學的（非理性）想像力所表現的「真理」，也就是說，文學真理與哲學真理難於劃分。（朱侃如，民104，頁6）

這也是何以我們必須重視神話再現的訊息。以下以希臘神

話伊底帕斯王為例，分析當中的陰影敘事。

　　伊底帕斯出生時，他的父母得到神諭：「這個孩子長大之後將弒父娶母」。為了防止這恐怖的預言成真，伊底帕斯的父親——底比斯的國王雷厄斯，命令牧羊人將小孩丟棄至荒山，任憑他死去。然而陰錯陽差，牧羊人遇見來自柯林斯的使者，將小孩送給無子嗣的柯林斯國王撫養長大。命運弄人，長大後的伊底帕斯在柯林斯聽見一樣的神諭，他為逃開預言，便離開家鄉，四處流浪。帶著惶恐、悲憤、無助心情的伊底帕斯，在三叉路口遇見不曾謀面的生父，底比斯的國王雷厄斯。兩個人有著一樣固執與易怒的個性，互相堅持對方讓路。暴怒之下的伊底帕斯將國王與身邊數位隨從殺死，只有一位幸運逃走，回城報告凶訊。

　　伊底帕斯在冥冥中回到故鄉底比斯。此時，人面獅身早已肆虐多時。牠擋在城的入口，出一道難題給路過的人，答不出來的便吃下成為腹中物：「什麼動物早上用四隻腳、中午用兩隻腳、晚上用三隻腳走路。」伊底帕斯回答：「是人。」人面獅身聽見謎語被破解，便跳下懸崖自殺身亡。伊底帕斯解救了底比斯城，順理成章成為國王，娶了王后，也就是他未曾謀面的母親，兩人生下二子二女，過著一段幸福時光，伊底帕斯也成為人民愛戴的明君，直到瘟疫突然降臨底比斯，伊底帕斯派人去神廟問卜，得到的回覆是，瘟疫之所以產生是因為殺死老國王的兇手還逍遙法外。找出兇手的過程就是伊底帕斯抽絲剝繭發現自己是誰的過程，他和父母一直逃避的命運在他手下完成了。

然而伊底帕斯王的結局並沒有結束於此。他之所以被視爲希臘悲劇的英雄代表，主要在於他能承認自己的錯誤，以刺瞎雙眼懲罰自己身爲明眼人卻對自己的錯誤行爲盲目，從而放逐自己，將國家的統治權交給母舅克里昂。[3]

　　伊底帕斯的故事一再受到藝術家的青睞，[4]其中一個重要的原因是它代表人類的原型。正如神話學大師喬瑟夫・坎伯（Joseph Campbell）認爲，神話具有普世的價值：「我們每個人都是人生旅程上接受試煉的潛在英雄，要完成生命賦予我們的神聖使命，成就英雄的事業，便有待我們對廣大深刻的宇宙生命有所醒悟。」（朱侃如，民 104，頁 29）而「**英雄是那些能夠了解，接受並進而克服自己命運挑戰的人。**」[5]（朱侃如，民 86，頁 30）

　　族群衝突也讓我們期盼有英雄能帶領我們走出迷霧，但我們的文化有聖人、文人、完人、俠客的形象，是否能接受有性格缺陷的西方悲劇英雄形象，來啓示我們如何面對生命課題？傳統上，漢人文學通常描繪主角的危機來自於外在環境或他人的脅迫（例如《竇娥冤》、盛極一時的包公電視劇系列），好人與壞人的性格迥異，好人性格不參雜質、壞人則一無是處。是否這種刻劃影響了漢人族群容易期待有英雄來解決危機而較少訴諸於內在因素。我不是中國文學專家，這樣的印象來自於接

---

[3] 我並未逐字引用中文本版的希臘神話，而是簡述重要情節。
[4] 幾個相當著名的製作包括帕索里尼的電影、Julie Taymor 的歌劇版、英國 BBC John Gielgud 版、近年圖米納斯的舞台劇也令人驚艷。
[5] 粗體字爲譯者強調。

觸過的作品以及課堂上學生的回應。更進一步的分析有待相關專家提出，然而從比較文學的角度也可以進行文化比較，甚至將文學視爲某種民族誌以了解族群性格，這種研究方法可參考露絲·潘乃德（Ruth Benedict）的《菊花與劍》。

基於上述的爬梳，可以賦予伊底帕斯神話當中的許多符號新的意義。伊底帕斯身爲英雄，並不僅在於解決了外在怪物而展現的機智與英勇，更在於面對內在的怪物：自小預言帶給他的煎熬、易怒、多疑、暴躁、自大、逃避、知道預言成眞的震撼。而其中的哲學意涵在於這個故事是人的原型：「人是什麼？」這是伊底帕斯企圖逃離弑父娶母的預言，在命運的路途上，面對的問題。怪物人面獅身以謎語包裝人的形象，質問在牠面前經過的每位旅人。答不出來的人，認不出謎底的答案就是人、是他自己的遊人，立刻慘遭獅口。人時常無法直接看見自己，需要透過謎語迂迴地輾轉領悟，從失敗與災難中認識自己。這是古典希臘神話詮釋的「認識你自己」：透過了解性格缺陷來達到。

伊底帕斯從一出生，弑父娶母的預言便如陰影般如影隨形，可怖的是他的父母所做的措施曝露出自私與殘忍，迴避面對內在的自私。這個家族逃避了陰影，最終卻被陰影追上。雷厄斯王的確被其子所殺，但並非出於他所害怕的被篡位或謀殺，而是與一位年輕人爭執讓路的路邊衝突醸成殺機。而伊底帕斯縱然解決了外在的怪物（人面獅身），卻逃不過內在陰暗面帶來的危機：性格上的固執、傲慢、易怒，這個家族的性格終

究成就了他們所逃避的預言。

榮格則這樣描述人類的逃避心理：

> 如果我自己就是他那敵人，乞丐中最窮的人時，怎麼辦
> 呢？一般人開始責備內心的同胞「飯桶」，我們拒絕招
> 認。接受他自己之弱點，有如難於上青天的工作。……
> 自己故作不知狀，另一方面卻忙著去管他人的毛病及罪
> 過。這樣我們便裝出一副道貌岸然的樣子來自欺欺人。
> 如此一來，謝天謝地，我們總算是逃避了自己。（榮格，
> 民國 78 年，頁 277-278）

這種投射心裡可以用來解釋群體中的互相撻伐以及形成的文化陰影。神話之所以可貴正在於使用的符號能產生多種詮釋的可能性。例如 Julie Taymor 的歌劇版（1993）以偶的符號象徵「弒父娶母」的預言如何束縛這個家族，當伊底帕斯王得知自己就是兇手時，洞察、驚懼與自責等種種複雜情緒同時發生在此關鍵時刻，悲劇發生了，他理解自己弒父娶母，但這理解沒有產生毀滅，反而帶來釋放，伊底帕斯沒有像母親選擇自殺，而是公開在民眾面前承認自己的錯誤，以刺瞎雙眼為自己的錯誤負責，於此同時，曾經如重重枷鎖貼在他身上的偶被褪去，伊底帕斯成為人，一個能為自己錯誤負責的人。陰影沒有擊垮伊底帕斯王，反而造就他脫離家族枷鎖，成為有擔當的獨立個人，即使之後將面對長期的孤獨之旅，他仍選擇踏上放逐之路。希臘文化以悲劇詮釋人類的心靈高度。[6]

---

6 參泰瑞·伊格頓《論悲劇》第一章。

而透過神話的原型敘事，我們能進入自己的潛意識，因而認識潛藏於人格面具之下的真我：

> 而原型（或者說「製造象徵的能力」），是幫助我們重新找回意義，提供一種深具神話意涵的豐富象徵，來滿足深植於我們潛意識底層之根本需求的適切方法。（盧德，頁9）

　　這種認出符號意義的方法對全體人類都有深遠影響：「而在神話中顯現的問題和解答，則對全人類直接有效。」（朱侃如，民86，頁18）若將這樣的能力運用在國家認同敘事上，極可能帶來新的洞察。

文化陰影

　　逃避自己的陰影是古今中外的通病，漢文化也有很多的矛盾要整理。本書僅能處理漢文化的陰影，這是我個人目前的遺憾，也是臺灣教育的事實：學習當漢人，排斥當原住民，造成的現象是比較熟悉漢文化。再者，建構原住民文化體系猶如孫大川所言，是龐大工程，還在起步階段。所以目前還沒有能力深度剖析原住民文化的陰影。其次，目前國家統治者與體系以漢文化為主，影響遍及國民全體，故需要先分析漢文化的陰影或是歷史陰影，尤其聚焦在影響國家認同。[7]

---

[7] 從神話與人類集體無意識的觀點來看，原住民與漢人的人觀也應有交集之處，所以本章的分析也適用於原住民陰影的分析。

人很難承認自己的病態,這種態度令他人也變得敏感、顧忌謹慎,但終究要告知生病的事實。漢人內部三大族群的衝突,除了早期為了生存爭奪資源、土地,以及歷史和政治因素造成的不和之外,是否亦有文化上的人格缺陷,[8]使得衝突至今尚未妥善地公開討論、理性對話。

另一方面,關於國家認同的抉擇,不能取決於人數多寡,即使不久的將來,某一論述可能在投票中獲勝,也不能任憑落敗者處於陰霾中,要給予化解與尊重的空間,若該論述能推動文化的進步,終究全體人民能夠蒙福,必有踏實久遠的實力建設美好家園。長遠來看,仍舊是要回歸文化的角度、人性的考量、踏實的制度與價值觀。終究要面對的是更基本的議題:人以什麼建立認同?漢人習慣將認同建立於人倫與關係上,而非價值觀,礙於人情與面子,就不容易直視問題所在,若與自己所屬的群體持相反的立場或論點時會產生很大的衝突,可能被冠上叛徒等重大指責。[9]我們需要認清這樣的文化特質如何干擾了獨立精神的培養,進而妨礙健全的民主運作。

我們處於強調聖人、君子、面子、望子成龍、望女成鳳、

---

8 可參考李喬《台灣人的醜陋面》,前衛,1988。這本將近 50 年前出版的著作,其中的觀點仍鏗鏘有力。李喬爬梳了歷史脈絡歸納出台灣人幾項必須面對的缺點:「懦弱、依賴、自卑」(頁 238)「殘酷自私」、「不求精緻」、「欠缺胸襟」等等 (頁 8),目的是鼓勵民眾建立自省的能力。細數這些毛病之後,李喬認為台灣仍是有進步的希望。李喬在 2014 年受訪時,仍強調漢人文化有許多缺點有待改革,詳以下網站:
https://christcom.ning.com/profiles/blogs/5744524:BlogPost:13215
2024/1/15 擷取
9 詳本書第五章〈國家認同的戲劇再現〉。

光宗耀祖的文化，近年來我們從漢人紛爭的歷史與社會問題知道，這些傳統觀念大有問題：人有非常不光彩的一面，望子女成龍鳳的心態給後代帶來無比的壓力。無能、失敗、沒用、讓祖先蒙羞、數典忘祖是極大的恥辱，因此極盡所能尋求外在的成功與形象。在這種文化氛圍之下，沒有多大的空間來學習承認失敗與錯誤。雖然從另一面來看，好強的確能為個人帶來高度的成就動機。然而若好強僅在於個人的成就而非群體的益處，可能難以集結群策群力在國際場域以國家之力勝出。

同時，對子女的龍鳳期待與好面子文化（這兩者是相關的，以子女的成就滿足自己）容易產生否認錯誤，仇恨失敗等性格偏差。為個人而言，為了達到外在的期待為自己塑造形象，以求生存而壓抑陰暗面，害怕有缺點的自己不被接納，內在因而缺乏安全感。這種苦很傳神地由一位政治家的夫人表達出來，她在女兒自殺數年之後說出：「我一直教她如何成功，卻沒有教她如何面對失敗。」這是多麼沉痛、誠懇、勇敢的自省，甚至是對文化的剖析，因為這是許多人的寫照。即使我們不會去自殺，內在卻扛著不敢承認的傷疤而強顏歡笑，繼續假裝強勢，不能被他人看扁。假使個人都無法覺察深藏內心的陰影，又如何能處理難度加倍的國家層級認同議題？

國家認同因為以國家為名，個人隱身在籠統的國家背後，容易忽視無數個個體的各自情況與動機。過於以團體例如國家認同之名而壓迫個人，國家反將適得其害。個人認同與國家認同是一體兩面之事，有成熟的個人方能形成成熟的團體：

> 如果我們的自我認同是來自於所屬的社群團體，必定會對那個團體忠心耿耿唯命是從……但當成員過度認同團體時，就會讓這個團體激烈地抗拒建設性的改革……飲水思源沒有什麼不對，但情緒模式的影響誇大了合理的忠誠……盲從的模式就此確立了。（基廷，頁43）

從心理學的層面來看，幼年「對特定團體形成的過度認同」會形成「假我」，日後將影響我們的潛意識與行為（基廷，頁9）。這種假我也透過認同之名更趨激烈，是被需要察覺的陰影。

關於陰影的剖析，最震撼的例子來自年輕早逝的作家林奕含的犀利觀察：在短短十六分鐘的訪談中，她將古今中外名人與文化中的偽善、分裂、矛盾及黑暗捕捉的如此完整，[10]在這種檢視之下，有誰、有哪個族群能無愧地宣稱自己是完人，因而能攻擊他人的不完美？

林奕含對各國文學如數家珍、筆鋒犀利。她在訪談中批判著作《房思琪的初戀樂園》中受人景仰的國文老師以及胡蘭成：「他們的思想體系非常畸形……對自己非常自戀，所以對自己無限寬容」、「你沒有辦法去相信任何一個人的文字和他的為人，覺得世界上是沒有什麼可以相信的。」林奕含的批判不單是因為她信任的人背叛了她，而是對整個文化與人性的沉痛控訴，是什麼樣的文化縱容「才子」猖狂。正因為年輕的生命因此隕落，我們不應讓她的洞察停留在對人性感到失望與絕望，而是找出這種光華其外、不堪其內的原因與改變之道。

---

10 https://www.youtube.com/watch?v=y7YdDnz-5vg 2019/5/12 擷取。

此外，漢人在對待原住民與少數族群的歧視，也顯示出漢民族的傲慢心態與盲點，只注意自己在國際上受到不公義對待，卻無視自己以同樣的態度對待原住民等邊緣族群。[11]在國內敵視其他族群，自己做出不公義的行為，卻期待在國際取得正義，這是不一致的矛盾，是漢人必須正視的人格陰影。人要檢查自身是否內外一致，正義公平才站得住腳。這就如同陰影效應，在他人身上見出自己的弱點，由「虐待」我們的國際情境審視自己是否「虐待」同胞。而原住民必須痛定思痛，不規避歷史的教訓與課題，以學習增加實力，這是最好的「抗爭」之道。

說出關於陰影的真相並非譴責，而是攸關正義，讓人知道陰影的存在督促我們誠實待己待人。如同電影《姊妹》所說：「勇於說出真相應該是愛敵人的第一步。」

陰影的價值

陰影並非全然消極與負面。安藤忠雄提到自己的作品〈光之教堂〉時這麼說：「要在人中追求『光』，首先要徹底凝視眼前叫做『影』的艱苦現實」[12]。我們可以把當中的「影」作為比喻，延伸到比擬個人需要面對的性格陰影，以及過程當中的艱辛。把陰影攤在光中，就不會不見天日，更無須以作祟的方式引人注意。

---

[11] 這裡顯示出語言的有限，以族群論容易以偏概全，因為並非每個漢人都如此，但我們從日常媒體的主流論述，可以看出這些意識形態。

[12] 安藤忠雄（2009），《建築家安藤忠雄》龍國英譯。臺北：商周，頁396。

陰影不僅存在於個人內在，也存在於家族、族群與國家不願意正視的不光彩。然而如同安藤忠雄的反思以及伊底帕斯的故事，面對陰影能為個人帶來整合。整合陰影是成為完整的人必經之路。伊底帕斯的故事有著美好的結局：願意負責的性格救贖了他，他在眾人面前承認自己的無知、神的奧祕超越人的一切才智。劇作家索福克里斯在另一個劇本《伊底帕斯在克羅納斯》給與老年的他洞澈世事的智慧，臣服上蒼的謙虛，蛻變成有尊嚴與覺醒的人，並在安息之地受到禮遇，得到善終。

　　認識陰影曠日耗時，甚至需要世代的連續學習。伊底帕斯的故事闡釋，個人的性格缺陷會影響他的命運，當人對此無知時，便透過周遭的苦難反射出來。個人學不會的，會透過家族集體承擔，而家族的陰影也要透過好幾世代的覺醒。從依底帕斯王的父親、他自己、到下一任國王克里昂的固執，展現個人意志的無限上綱，不僅使這三位王對自己盲目，並且賠上親人以死相諫、國家遭受瘟疫的代價。這個家族的主題功課反覆出現，歷史是建立在死亡堆疊出的血腥與枯骨上，只為了要學習「認識你自己」。

　　而從符號學的角度分析這個神話，意味著走過艱辛自我認知之旅的人能得到圓熟。若我們運用在本地的族群認同上，我們意識到個人與團體都需要面對陰影，甚至是跨世代的課題。透過國家認同的議題，本島各族群需要面對的是深層的文化因素如何形成人格陰影，顯示出何種人格困境需要大家一起面對。

陰影的奇異化：愛你的敵人

《伊底帕斯王》詮釋了正視陰影的意義，耶穌則以「愛你的敵人」比喻整合陰影的必要性。以奇異化的觀點來看，這句話不僅是宗教的勸戒，更對個人與族群的整合能產生積極的效益：

> 你們當愛你們的仇人，當為迫害你們的人祈禱，好使你們成為你們在天之父的子女，因為他使太陽上升，光照惡人，也光照義人……所以你們當是成全的，如同你們的天父是成全的一樣。（瑪五 44-48）

以往我們以為這段話表示天父對各種人一視同仁，他的正義觀有別於人類。而耶穌說的仇人和惡人是別人，而我們是受迫害的人。我們時常以為針對正義的議題，自己是義人，其他人是惡人，很難頓悟自己就是義人與惡人的組合。況且，我們認為的正義是惡人得到處罰與改正，我們的憤怒、委屈與傷害才能得到平反，怎麼可能苛求我們去愛仇人，也就不容易試著詮釋這正義與完美（成全、整合）要先在自己身上實踐。耶穌讓我們明白自己就是善與惡的組合，光照義人指的是正面形象，而惡人意味著負面陰影。又例如有一次耶穌行經撒瑪黎亞人的村莊，當地的人不願意收留他，門徒竟然想要「降下天火」焚毀該村，耶穌斥責了他們。（路九 51-56）因為門徒不知道自己求的是什麼，若天火焚燒的對象是惡人，那麼幾乎所有人都會被燒盡，包括門徒自己都是善與惡的組合，沒有人可以稱自己為善。因此正義可以從心靈的層面理解，內心整合的人止息

內在抗爭，也就不會對外投射、批判、撻伐、中傷、攻擊、殺戮。族群與國家認同何嘗不需先檢視自己對他人是否投射？以正義為名去撻伐他人如何站得住腳？

過去我們害怕陰暗面，因此想盡辦法壓制。然而對抗內心本就有的特質，只會引發更大的反彈，形成的拉扯造成內耗。其實，陰影這個敵人，是我們自己製造出來的。因為需要「好」，就必須有「壞」來襯托。二元對立的世界讓我們粗暴地判斷何者為善、何者為惡，停留在戰爭的思維去解決陰暗。我們必須重新學習如何與陰影相處。

整合陰影——現代文本

雖然在教育體系中，我們缺少對於陰影的教育，然而我們卻可以從文學與藝術學習相關的知識。除了古典文學，當代亦有不少出色的文本供我們參考。歐美與日本在這個主題上有許多作品，延續了古典希臘悲劇有人格缺陷的英雄觀，有別於以往觀眾認同好人、排斥壞人的敘事論。當代的主角不是中規中矩的君子，而是更接近現實生活有缺陷的人。日本極受歡迎的電視劇《王牌大律師》（2012、2014）透過堺雅人飾演的古美門研介說出：「真正的幸福是要愛上醜陋。」他這句話是對著一心追求愛與和平的對手律師，人稱王子的羽生（岡田將生飾）所說，要他從幻想中覺醒，面對人性的現實。古美門研介戳破世人的虛矯與幼稚，雖然嘻笑怒罵、看似毫不留情，卻給人留有後路，認清真相之後，坦然活著。

又例如加拿大電影《烈火焚身》(2010)雖是以內戰爲題材，實質對正義與邪惡的相關性提出極其震撼的新解。該片描述一位移民至加拿大的中東女性，死後留下遺書，要她的雙胞胎兒女回故鄉尋找不曾謀面的父親與哥哥。片中呈現的宗教戰爭、族群相殘，觀眾都不陌生，是結局震撼了所有觀眾：一加一等於一。讓我在此留下玄機，我終究不忍奪去讀者自行發現謎底的權力，但是允許我透露個人的詮釋。信仰基督宗教的母親於年輕時愛上穆斯林男友，並懷上孩子，兄長企圖按照「名譽殺人」的傳統處決未婚懷孕且愛上異教徒的她，但外婆將她隱藏起來，待其安全產下孩子，則必須將孩子送走。母親不捨地對孩子發誓，他是愛的結晶，無論發生什麼事，她必愛他到底。至此母親踏上尋兒的艱辛過程，甚至淪爲階下囚，在獄中遭受各種折磨，包括被強暴而懷孕，生下這對雙胞胎。

這位母親爲了尋找首生兒歷經各種苦難，忍受在獄中的折磨與摧殘，她的肉中肉、骨中骨，置她於最悲慘的情境。在崩潰與仇恨之後，她想起自己當初給孩子愛的承諾，無論孩子多麼施虐於她，她信守了承諾。她既公義地指出孩子的錯誤，也原諒他曾經在她身上、心裡施虐，甚至還說孩子是多麼地美麗。這對雙胞胎終於找到自己的兄長與父親，並將母親的信交給對方。原本深藏於這家族中的祕密與仇恨終於解開。電影詮釋了透過罪惡走向愛，罪與愛是生命的雙胞胎。明白這弔詭，觀眾能從絕對的對錯、福禍、善惡的二分與自以爲義的牢籠中，釋放出來。

這部作品告訴我們，愛並不僅是甜美溫馨，更包含歷練、考驗與痛苦。經歷過深仇大恨的母親與她的孩子，潛藏驚人的愛的潛力。世上使用暴力的人，我們固然可以譴責其行爲，但我們不能論斷他們的命運，不知道他們何時會改變。每個人有其時機與節奏，因爲「在前的反在後，在後的有可能後來居上。」（瑪二十16）而唯有我們親自走過自己的歷史，同時看見自己身上的陰影與光明、「壞人」與「好人」，才會明白以暴不可能制暴，因爲這樣首先得殺死自己，因我們自己就是好與壞的組合。除非我們同意以自己身上的好人殺死身上的壞人，而當我們這麼做時，那個好人顯得多麼殘暴，而被我們認爲是壞人的那個自我，無論是否心甘情願被殺，反而顯得多麼無辜。好與壞是無法切割的。[13]

　　而耶穌說的成全（perfect）不是我們以爲的不出錯、沒有瑕疵的聖潔，而是同時接納正反兩面成爲整合的人。[14]人要先面對內在的暴力與黑暗，才能公義對待外在黑暗，我們不能對他人丟石頭。

　　榮格則以現代心理學詮釋了耶穌說的道理：

　　　疾病表現爲內戰，要治療這種心情的辦法便要利用基督原諒敵人的美德。……（現代人）已爲內疚感到異常的

---

13 可參考電影《黑天鵝》（2010），由娜塔麗‧波曼（Natalie Portman）同時飾演黑、白天鵝。
14 「所以你們應當是成全的，如同你們的天父是成全的一樣。」瑪五48，英文翻譯爲："Be perfect, therefore, as your heavenly Father is perfect." (Bible Gateway)

痛苦，他想求得怎樣才能心安理得——怎樣去愛他的敵人，而且把狼當作是自己的兄弟一般看待。（榮格，民國七十八年，頁 279-281）

又如盧德所說：

榮格……把陰影提高到意識面，接納、包容這個事實，使之成為倫理責任的一部分……停止審判自己……審判他人。除非我們原諒了自己，接納、包容、甚至欣賞自己的不完美，我們才真正學會寬恕、愛，並欣賞異己。（頁 63-64）……救贖之道某種程度其實是操之在己的。（頁 77）

如此看來，我們不會把個人的不幸全部歸咎於外在因素，亦不將生命責任寄望在明君或救世主身上，畢竟耶穌也說：「你的信德救了你。」（谷五 21-43）人要為自己負起責任，而相當關鍵的一步就是勇於認清自己的陰影、接納陰影。如此可以有力量面對外在的異己。

當我同理自己的陰影，面對他人的「墮落」就不需撻伐。內在的爭戰透過自覺而漸漸平息，就明白這世界的戰爭亦然。假使人有足夠的勇氣正視陰影，不可能出現虐待自己、彼此惡鬥、殖民、輕視、汙染等種種背離正義的行為，以至於不僅危害人類的生存，甚至連萬物與地球也瀕臨滅絕。這邏輯不需要高深學問就能懂，是一針見血的事，但人卻躲到各種理論希冀解決因人心偏差造成的問題，因為面對內在陰影是艱鉅的浩大工程，無法以任何理論代勞。

認識陰影會明白人類為何會出現扯自己後腿的現象，無論是個人內外的不一致、不和諧，或是各國焦頭爛額的內政與外交，掙扎在成功與失敗的循環、繁榮與蕭條、和平與戰爭的角力戰。善用陰影，可以將這種拉鋸緩和，縮短內外的差距，漸漸走向整合。當我們正視自己的陰影，會以新的眼光看待持不同立場的人，這時，理性的對話才有可能。

　　人類歷史充滿消滅異己、掌控異族的悲劇，認清自己的陰影，不僅能避免重蹈覆轍，甚至產生蛻變。當我們勇敢面對陰影時，它可以為我們所用，如同電影《阿凡達》裡，男主角傑克・蘇利騎乘當初幾乎置他於死地的托魯瑪托（終影騎士 the Last Shadow）拯救了納美人以及其珍貴的文化。若我們以終影騎士作為陰影的符徵，可以解讀為，當初與自己為敵的對手是可能成為我們的救贖之道。當我們以他者為鏡像，照映出自己的實像時，我們得以走上蛻變之路：「陰影絕非是純粹的罪惡……它隱藏著一種潛在的善……是邁向圓滿成熟之路所必須的……。」（盧德，頁 76）

　　當我們能正視陰影的價值，能試著從反對者的論述看清自己，不投射、不捲入投射，而以公正的態度尊重不同立場的人，此時國家認同的不同論述成為一種契機：認清必須面對的陰影，因而產生突破，為認同注入新意。

第四章　情感與認同

哀慟的人是有福的，因為他們要受安慰。

——瑪五 4

　　認同不僅是理性的，還有感性、甚至是精神層面。有關認同的敘事，更呈現排山倒海的情緒翻轉（葉春嬌，頁 127），挑戰傳統學術論述的理性語言。這一章將討論多數認同論述所忽略的情感因素。相較於漢人主要以儒家思想建立認同，原住民則以巫文化承載族人的心靈世界及宇宙觀，是非常重要的認同根基。本章以巫的角度為認同發言，主要分成兩個層面：

　　第一，原住民歷經各代殖民政府破壞傳統文化，重創認同基底。本章處理原住民的情感文化對認同的重要性，不光是消極的醫治心靈創傷，更是積極地肯定情感文化與認同之間的關聯，並以此建立文化體系。

　　第二，各族群之間的恩怨情仇在國家認同議題中時常被挑起，需要審視當中的情緒因素如何影響個人與族群認同，尤其借助心理學的科學論證以及信仰的精神層面為此議題帶來新論述的可能性。

　　在第五章〈國家認同的戲劇再現〉我引用的文獻證實，個人敘事能突破理性的傳統學術語言造成的疏離感，為認同議題帶來溫度，這一章除了文獻之外，還增加我個人的經驗和敘事，

呈現認同需要處理的多面向。

原住民情感文化與認同

　　原住民曾經由裡到外被大改造，從服飾、飲食、語言、儀式、作物等，連帶破壞的是與之相關的情感需求、美感表達及精神世界。從日據時期乃至漢政府的殖民，熱情自由的原住民族受到嚴謹壓抑的外來異族統治，文化歷經崩壞，此刻亟需靈性、感性與情緒的除喪及復活。傳統人類學者研究原住民的家屋等制度，資深人類學者胡台麗則跳脫框架，尤其以排灣族的研究，揭示了原住民族情感文化的特殊性，同時也指出情感文化受到學界忽視的癥結，不僅應當受到國內相關領域的重視，更值得國際學術界作為重要參考：

　　　　或許是西方學界重思想輕情感的二元論取向也同時影
　　　　響著臺灣人類學界，結果使得各個原住民族群的情感特
　　　　徵被社會組織與制度的論述所埋沒了，彷彿成為不知如
　　　　何表達情感或不重視情感的民族。（頁 45-46）

　　其實，這種怪異現象不僅存在於原住民研究，關於漢民族情感文化的研究也不為一般民眾熟悉，需要有更多論述的建立及流傳。

　　胡台麗以鼻笛研究排灣族的情感內涵，發現鼻笛的「哀思」美感，不僅顛覆一般人對哀傷的刻板印象，甚至有極重要的文化意涵：「在探索笛聲意義的過程中，我逐步踏入了極為豐富的排灣族情感與美感世界。」（頁 48）胡台麗尤其注意到鼻笛所

傳達出來的哀傷美感：

> 哀傷在許多社會被視為負面的情感，希望能夠避免和消
> 除。排灣族人卻一致認為笛聲⋯⋯要令人哀傷哭泣才好
> 聽、才美。換言之，哀傷的情感在排灣族已進入美感的
> 領域。（頁 73）

胡台麗更記錄哀思情感的多層次質感：「有遠古、孤寂、美
麗、驚異、專注、真情、縈繞等意涵。」（頁 73）

以上的詮釋推翻關於哭泣的刻板印象，原住民未必只因為
哀傷而哭泣，生活中的百感交集，都能引起哭泣。翻譯異文化
會面臨語言的限度，但「哀思」至少掌握了某些層面，讓排灣
族的鼻笛美感具體而微。

經過訪談泰武鄉排灣村、古樓村、南和村數位擅長吹奏鼻
笛的耆老之後，胡台麗整理如下：「笛聲似哭聲，傳達的是一種
哀傷的情感，同時會引起思念之情⋯⋯。」（頁 62）她所訪問
的族人也作如下補充，「⋯⋯雖然很哀傷，但卻是排灣族人喜愛
的情感，或說由愛而產生的戀戀不捨、縈繞不去的情感。」（頁
63）饒富興味的是，相較於西方與多數民族忌諱男人哭泣，排
灣族男性並沒有這種顧忌：「但對於男子哭，排灣族人並不介
意，不覺得有什麼不好，反而認為他們的『胸』很軟，很會同
情別人。」（頁 64）由此，胡台麗作出如下的詮釋：

> 哀思情感很可能是排灣文化的核心⋯⋯是塑造排灣文
> 化最重要的元素。誠如報導人所說的：排灣族哀思
> （paurauran）的情感很重，認為人在人世間所做的一切

是為了讓後代能夠思念。例如前人努力留下了傳說、祭儀、經語、歌調、琉璃珠、陶甕、衣飾、田地、家屋、與家名、專屬人名等成為後代哀思紀念的對象。（頁81-82）

哀思美學是排灣文化的核心，串起所有文化元素，細膩縝密，能串連到民族的起始點，淵遠流長。除此之外，排灣族的哀思文化亦打破思想與情感的二元論：

根據排灣人當地的說法，情感是由含心、肺、肝的「胸」（varhung）發動，而「胸」與很會「想」的「頭」密切互動。排灣族的例子可以破除西方『情感』與「思想」二元對立的迷思。（頁 v）

胡台麗筆下的排灣族，呈現了整合一體的人類官能：感思的合一，而非情與理的對立與分裂。由此看來，殖民政府粗暴的改化政策，實在是對獨特文化缺少敏銳的觀察能力，不僅傷害原住民族，也是全體人類的重大損失。

本書第二章〈祖靈信仰與認同〉也概略描述知本部落對人格的陶成包含身心靈的各個面向。男性不僅需要具備打獵與戰技等技能，更需懂得以歌舞表達各種情感層次，個人的成就和團體緊密相連，子孫與祖先分享所得。知本部落全能的男子形象包含身心靈的訓練，允文允武、剛柔並濟。再者，歲時祭儀提供族人表達情感的機會，例如在除喪祭公開表達哀傷，進而得到部落的撫慰與支持，公開表達哀傷等情感對知本族人而言並非禁忌。而撫慰哀傷並不僅以言語表達，而是昇華至如詩如

歌的詠唱，有韻律之美、節奏之力，配合有力的蹲跳，並連結祖靈與家族史，除喪的結構乃至完整。

有趣的是，除喪歌謠 parusavak 源自於排灣族，又一例證說明知本部落卑南族與排灣族的淵源，且卑南族僅有知本部落有此歌謠，源自於某次戰役，原本是「頌揚亡者的英勇，撫慰哀痛的心靈」，但之後就沿襲此歌舞成為除喪的傳統。（陀沅錄，頁 104）

因為全球化，我們有機會見證不同民族的特有氣質，文化的表達方式或許各異，但表達的精神能跨越族群的差異，進而觸動人靈深處。這是何以許多接觸過知本部落除喪祭的漢人朋友深深被感動的原因，認為這是漢人所缺乏的文化表達。

我在接觸了知本的祭儀，讀了胡台麗的研究，才明白何以漢文化以及西方文化，無法填滿我內心某種說不出來的空洞感，原來是血液中的排灣哀思情感沒有被滿足、釋放與表達。[1] 這不是狹隘的血統論或本質論，而是人有根源，人的精神層面會去尋求和根源連結的踏實感。人的精神層面有其需求，當不被滿足時，人的潛意識會透露出靈性的空虛，以及需要被滿足的本能。不能表達情感的原住民也影響了認同與快樂。

希望本書能夠釋放原住民因殖民而失去情感文化的壓抑和痛苦，不是所有的原住民都能像知本或古樓族人那樣幸運，某

---

[1] 我曾感到不解，何以「祖靈的召喚」發生在知本部落而非我的屏東家鄉。我向盧皆興提出疑惑，他便向我解釋了三大家族邁法尼耀屬於排灣族系，而從其他文獻以及除喪歌謠的源頭，也印證知本部落與排灣族的聯繫，總算解答了我的疑惑。

種程度保留了重要的祭儀，能和祖靈維繫溝通。願曾經因殖民或信仰衝突而對傳統文化產生困惑的原住民可以放心地向祖靈訴說久違深切的思念，祖靈也可以悅納子孫的祈禱、哀思與想念，正如我這些年對祖靈釋放出深切的孺慕之情。原住民可以放心肯定自己文化的情感表達是美麗且獨特的。我亦漸漸意識到，還原原住民文化的特有價值，使原住民恢復認同的尊嚴，為其內心帶來平靜，亦是一種正義。因為過往一些不當的做法使原住民失去以文化作為認同的根基，因而內心翻攪，惶惶不安。令人失去平安、製造不安、帶來破壞的措施豈是正義的？因此將平安歸還給原住民認同，既是和平亦是正義的作為，正義與和平是密切相關的。

　　此外，如第三章〈陰影〉所提到的，因為認同錯亂而產生的痛苦，無論是原住民或是漢人族群，都需要承認情緒以及找到可以釋放與對話的方法。這時候，心理學以及信仰扮演著非常重要的角色。在個人認同的敘事中，能整理情緒、表達情緒，對自己而言是非常正義的舉動。正義要先從個人層級做起。若是自身深切體會何謂對自己實踐了正義，當會有助於為族群傾注正義，進而和平相處。

情緒與認同

　　我們必須承認在教育中、在家庭中缺乏情緒教育，大多數人在生活中摸索，甚至花錢、花時間、花心力尋找諮商，或在流行文化中找尋慰藉，甚至產生上癮症等，而因各種心理隱疾

就醫的國人有逐年增加的趨勢。[2]

　　我們需要奇異化對於情緒的刻板印象以及處理方式，處理情緒原本是生而為人重要的能力，現在卻必須找所謂的專家替我們處理。人類的自我疏離以情緒問題最為明顯，許多人苦於所謂的情緒障礙或是受控於情緒，以至於視情緒為洪流，深恐在其中滅頂。能和情緒相處則沒有什麼能難倒我們，無論是針對個人心靈狀態或糾葛的國族認同。

　　族群抗爭與文化陰影對個人造成的傷害，顯示在情緒層面，如何處理痛苦是重要的議題。首先以較簡單的個人層面說明情緒與認同的關聯，再解釋比較複雜的國族認同。處理情緒絕非易事，這是何以各種心理諮商與靈修方式方興未艾的原因，因為有許多人難以自行處理情緒。因此要小心兩極做法：對情緒照單全收、壓抑情緒使生活看起來運作正常。其實，我們對於如何運用理性、如何陪伴情緒是缺乏學習的。以下先舉例理性如何引導情緒，再以個人敘事說明深入情緒的深淵可能帶來的醒悟。[3]

　　首先，傳統觀念視情與理為二元對立也造成許多人的內心衝突，情緒與理智是一體兩面。人處於某種情況時，想法瞬間

---

[2] 根據 2021 年 10 月 8 日衛生福利部統計處發布的〈世界心理健康日衛生福利統計通報〉，2019 年「因精神疾病就醫人數較 2018 年增加 3.6%，約 10 萬人。」

[3] 我在本章引用較多個人敘事，鼓勵讀者相信自身能建立與情緒相處的能力，心理學的理論不是用來單單滿足頭腦的知識追求，諮商雖然有其效益，但諮商師無法進入我們內心為我們整理情緒的潛意識，終究還須本人來進行。專業的心理學文獻請見參考書目。

轉換成情緒，需要我們解讀，然後再處理。情緒是訊息，非藉助理性的分析不可，而理性理解情緒的需求，引導情緒的表達，二者合作能發揮效益。例如，當人給自己足夠時間整理過往沒有適度表達的情緒時，因為囤積的情緒得到聆聽自然而然變得理性。當感性得到尊重與抒發的空間時，已經沒有什麼被壓抑的訊息被忽略，因此感到釋放、平靜。因此理性不是靠壓制感性而達到，兩者不能為敵，而是相輔相成。

再者，由於情緒相當強烈，因此我們容易認同情緒所產生的想法而照單全收，由情緒決定了自我認同。然而我們必須小心，什麼構成自我認同——「我是誰」？人並不是由工作、情緒、夢想、激動、感覺所組成。如果缺少自我認知、自我省察的習慣，我們的自我認同很可能就被上述的因素所左右，卻以為自己是獨立思考的人。

我看見自己和他人那麼容易浮躁、激動，我們混淆感動與刺激，誤把強烈感受當成自我認同，將寶貴的精力浪費在人與人之間的我執爭戰。刺激激動的反射式反應，會在刹那間製造出強烈的自我感，然而感受來來去去，難以沉澱出智慧與沉穩，除了激動之外，沒有留下任何意義。靠著強大的個性卻沒有更高層次的信念，只能在每次情緒的洪流中載浮載沉。缺乏更大的視野引導情緒，再強大的情緒也只能使自己走入死胡同，陷入沒完沒了的人際爭戰，無論是個人層級或族群爭戰皆可能如此。我們因此要警覺情緒將自己與他人帶往何處。

人本來就具有自我觀察的能力，善用暫停抽離的機制（陌

生化），使自己不過度依附經年累月的情緒模式、習以爲常的慣性，經由意識上、情感上的抽離，能夠帶動行爲與認知上的改變，這就類似於奇異化自己的慣性情緒認知。如果人能夠意識到情緒對於自我認同以及日常生活的影響，便能明白情緒如何左右我們對國家認同等公共議題的看法。理性則給予人相當大的尊嚴與自由去做出抉擇。

度過情緒深淵：比痛苦還大的力量

當你由水中經過時，我必與你在一起；當你渡河時，河水不得淹沒你；當你在火中走過時，你不致烙傷，火焰也燒不著你。

——《聖經》依四三 2

面對情緒是很艱辛的，承認受傷需要勇氣與方法，尤其是處理來自強勢他者的貶抑。例如以天生的優劣論貶低原住民族群，在原住民心中造成不如人（甚至是非人）的傷害與陰影。我們需要以奇異化的觀點審視這些心理認同的來龍去脈。雖然是整個族群被貼標籤，但造成的傷害是烙印在個人的心裡，我們仍須以個體的角度來看這些傷害才能更透澈。

正如之前提到的，我們缺少情緒教育，更遑論學習如何面對痛苦。然而人生是很現實的：痛苦是生命的一部分，人生有苦有樂，這是人生的真相。面對個人的、文化的、國家的陰影，都必須有勇氣面對，而覺醒會帶來痛徹心扉，但痛苦並非承擔

不起而必須消滅的敵人，而是陪伴我們走過生命歷練的夥伴。

　　痛苦亦是人性面對不公義的本能反應，即使自己沒有痛苦，面對他人的痛苦我們也不可能無感，面對痛苦能挖掘真相。因此，以各種商業或靈修方式逃避痛苦，不是面對痛苦的好方法。再者，人類歷史充滿從痛苦找到意義的動人故事。電影《沙漠之花》描述十三歲的小女孩 Waris Diri 為逃避被賣做六十歲老翁新娘的命運，連夜徒步穿過沙漠，在親人協助下，從索馬利亞逃至英國一路成為超模的故事。她甚至在聯合國演講，呼籲世人重視不人道的女童割禮習俗，多少女孩因而死亡。她論到：若廢除此習俗，非洲的婦女該有多強大，今日的非洲理當會有不一樣的面貌。她勇敢揭發非洲文化的陰影，發生在她身上的不幸故事卻為更多非洲女孩，甚至整個非洲帶來懾人的力道與希望。更有從集中營倖存的猶太醫生 Viktor E. Frankl，寫出膾炙人口的《活出意義來》。日本作家三輔陵子《生命中不可缺少的是什麼》描述一位婦人原諒殺子仇人，因而感到是有一股強大的力量在支持她。（頁 158）[4] 是什麼因素讓這些人逾越痛苦，甚至使自己痛苦的經驗成為鼓舞他人的力量？

　　為我個人，也曾從處理種族歧視的過程中，體驗到這種逾越痛苦的力量。回憶歧視時，過往被壓抑的傷害記憶幾乎將我淹沒，我在萬般煎熬中向天主祈禱，當我快被痛苦擊垮時，突然感到心中升起一股比痛苦還大的力量，霎時我頓悟，那來自天主。如果天主比我所害怕的痛苦都還大，那麼痛苦不至於擊

4　另參「宗教本為教育的源頭」，頁 61。

114

垮我，甚至能成爲某種堅韌的力量。那是我第一次感受到，有力量比我所憎惡與恐懼的痛苦更爲強大。那股力量陪我走過水火而不致於滅頂。

心靈的黑夜

　　某天我已休息兩年，但天主沒有給我復出的記號。我越想靠自己的理智規畫生活，越感到前途茫茫。我的理性、堅強毫無用處，我無法憑藉自己的任何力量在蛻變之路上更進一步。[5] 我每天和這種未知的焦躁抗爭，終於在天主面前崩潰，徹底承認自己的無能。我無法再靠自己的力量佯裝堅強，終於在天主和祖靈面前承認我長期以來逃避的陰影——種族歧視對我的傷害：「我在漢人的土地上活得好痛苦」。

　　那是一種長期壓抑自我、否認祖先根源的苦。缺少部落文化的栽培更是一種不能做自己的苦。祖先文化的美和那些醜陋的謊言對照，我心中震撼出的不僅是文化被竊取、被消滅的痛苦，更是對於人性的殘忍無言的質問。這些是需要被理解的苦、被釋放的淚水、被醫治的傷口。深藏在文明面具之下沒有說出口的眞心話，終究以驚人的力量潰堤而出，摧毀不堪一擊的假面，露出眞實的流血面貌。我終於不需要對自己也好強，連對自己也不能示弱，不能承認自己受傷了。

　　處理傷痕需要很大的勇氣，我可以運用自由意志逃走，或是把堅強無限上綱到不怕痛，而不要走面對痛苦的路。然而卻

5　以天主教的術語來說，我進入了「神枯」以及「心靈的黑夜」。

是經由走入痛苦的深淵，才遇見比痛苦還大的力量，那叫作天主！面對痛苦融化了我的剛硬，釋放了我的人性。天主以淚水洗刷種族歧視帶給我的陳年傷痛。

種族歧視像散播細菌，那種仇恨會汙染人的心靈，始作俑者已遠離，受傷的人卻可能因此對生命採取武裝，捍衛傷害引起的人格副作用：自憐、自卑、自大、怨恨、敵視、無語問蒼天；雖然情有可原，但長期停留在這種狀況，傷口不但不能癒合，惡化的情況將比傷口更傷害自己。正視這些後遺症之後，我開始明白生命的弔詭：正因為自己曾經被不公義地對待，反而明白何謂公義，真正的正義必須顧及所有族群，因為真正的公義是沒有分別心的。不分族群的正義才是出於自由與平等。醜惡的種族歧視原是我的黑夜，但我終能從自己的黑夜，明白人類歷史黑夜的必要性，人需要從自己的受難經驗中，頓悟何謂公義。

正視陳年隱疾是痛徹心扉的事，如果接納個人的軟弱都如此棘手，不難理解處理家族與國族的集體傷口更是困難加倍。然而，傷口必須先獨自面對，隱藏在團體的敘事有時反而成為障眼法，所謂的群體是抽象的、有距離的，除非它還原每個個體該有的尊嚴與力量，並為自己的抉擇負起責任。心靈的創傷以及從痛苦中昇華需要個體親身經歷。個人先改變，才能進一步影響其他人，進而是全體。而我不禁想問，其他遭受認同之苦的人，受苦時的力量由何而來呢？

116

全球化與原諒

唯一寬恕的力量是因爲看見了天國。

——日本藝術家 Osamu Giovanni Micico[6]

　　雖然我沒有在上述的敘事中提到「原諒」兩個字，但是我經驗到「放下」的力量，而那個力量的源頭是因爲我頓悟了某種意義：種族歧視的苦讓我明白，人類唯有從自己的苦看見他人的苦、連結到更大的意義，才能眞正釋放內心的仇恨及苦毒。那時候，人不需要復仇了。即使那不會抹去那些人確實存在的惡行，也不再能傷害我。我也從自己的經驗明白，那些種族歧視來自某些個人，但足以使受害者將私怨牽連到仇恨整個族群，因此我必須走出這種牢籠。曾經在自己腦海與心靈重複千萬遍受傷的畫面總算可以平息了。滔天怒海終於平靜無波。這得來不易的釋懷使我領悟，放下和寬恕是一體兩面的攣生力量。寬恕不僅醫治人的情緒，更會改變我們看事情的角度。我們需要寬恕帶來更新的力量，正如南非屠圖主教所言：

> 對寬恕的研究日益興旺。過去它被輕蔑地歸爲精神和宗教概念，而今由於南非眞相與和解委員會的出現，寬恕越來越作爲一門學科成爲心理學家、哲學家、醫生和神學家的研究對象。……據研究，寬恕也有益健康。（頁

---

6 https://www.youtube.com/watch?v=Id_T0yaERGw 擷取日 2022/12/23。
〈日本畫家爲臺北松山聖母天主堂繪製「聖母領報」壁畫〉

　　然而原諒的能力不是天生就會，如同任何能力，需要不斷練習。遺憾的是，原諒的能力沒有在教育或家庭中受到足夠的重視。[7]在此，我們不禁需要認眞地提出這個問題：究竟漢人所謂的「恕道」是怎麼一回事呢？它運用的對象是誰呢？若是對恕道的認知薄弱，怎會有實踐的力道。漢人三大族群至今不能和解，反而令人深思這個傳統美德實踐層面的高難度，其中嚴肅的意涵值得我們探討。

　　由此我們可以說：知不易，行更難，因爲我們對寬恕常常只有抽象籠統的概念。如果連「知」都如此空洞，當然不會有具體的「行」，這是何以個人或族群關係時常因爲無法彼此寬恕而原地打轉，甚至走向惡化的主要原因。

　　耶穌關於原諒的教導也反映了無比的難度。祂提出不要以牙還牙、原諒人七十個七次以及愛你的敵人，（瑪五 44；路六 27、35）不僅對當時的猶太人而言，是很奇異化的，就連對現代人也是難以達到的高標準，因爲這意味著高度的克己。與此相關的，耶穌還說了看似非常矛盾的話：「不論誰，若想保全自己的性命，必要喪失性命；凡喪失性命的，必要保存性命。」（路十七 33）人的天性是要保護自己的性命，怎麼維護自己的性命反而導致死亡呢？以現代語言來理解這句話，我們時常要

---

7 原諒是一種給彼此重新開始的能力、給予彼此的關係新的可能性。不可諱言，家庭與職場不免有摩擦，更需要學習原諒的能力。原諒不僅是道德的層面，在日常生活的運用更代表心理能力，能理解何以彼此需要原諒、如何原諒。

拚上老命，甚至拚個你死我活要維護的，究竟是爲了什麼？堅持想法反而使人陷入死胡同。克己正如同要自己死去，要那些興起干戈的想法死去。耶穌這些話以現代角度來看，其實是深度剖析人類衝突的心理學。原諒猶如登天之難。又例如，通常我們認爲耶穌說原諒對方七十個七次，是表示他人可能多次犯錯，需要我們一再寬恕。然而也有另一個層面，寬恕不是一次就可以完成的，要歷經多次的釋放、理解與淬煉。（瑪十八 22）「心神固然切願，但肉體卻軟弱。」（瑪二十六 41）耶穌深知寬恕猶如天人交戰。

同時，寬恕建立的是個人的力量。往往，寬恕別人也意味著對自己有足夠的愛。一個已經傷痕累累的人對自己都缺乏愛的力氣，很難強求他做到寬恕別人。做得到寬恕之前，需要先學會愛自己的基本功，以及面對受傷眞相的勇氣。同時在理智上、感性上，理解自己爲什麼要去原諒傷害他的人。寬恕不僅是某種美德，更需要個人的心理能力，甚至是洞見。族群層級的寬恕更是難上加難。

促進族群和好的南非屠圖大主教的故事被改編成電影《遲來的正義》，[8] 其中一句臺詞深刻地點出寬恕的精髓；片尾一位黑人母親對白人兇手伸出手並說：「我的孩子如今在天上看著我們，我感覺得到，爲了她我會這麼做，讓她看到我們爲了她脫胎換骨。」臺灣的族群之爭是否也有機會逾越仇恨而能脫胎換

8　《遲來的正義》預告片 https://www.youtube.com/watch?v=JchAoENPtn0

骨，不枉費前人的犧牲？[9]

又如二次大戰猶太人與集中營的故事，一再成為電影改編的題材。其中有兩部的焦點不在於控訴德國人的歷史責任，而是提出歷史的公義性。猶太裔美籍導演史匹柏的《戰馬》，刻化德國人也是戰爭的受害者，而非一概醜化德國人。透過拯救受困於鋼絲柵欄的戰馬喬依，德國軍人與英國軍人齊力合作，人在醜惡的戰爭中依舊渴望愛與和平。而依據真實故事改編的《街頭日記》則以出人意料的手法呈現歷史的互文。

新手教師 Erin Gruwell 前往多種族學生的高中開始教學生涯的第一天，她沒料到學生竟在她面前上演種族歧視以及幫派暴力的戲碼。學生互看不順眼，上級主管也要她睜一隻眼、閉一隻眼，不需對這些拉低學校素質的頑劣學生報以希望。然而她對這些認為暴力乃生存之道的學生，說起有史以來最大的幫派——德國納粹，以及在暴力之下倖存的故事——《安妮日記》。她驚訝地發現只有一位學生聽過大屠殺 holocaust 這個單字，她便帶領他們去大屠殺倖存者博物館，每一張照片背後的故事訴說暴力奪走了原本該有的青春歲月。學生們明白面對暴力不一定要以牙還牙，任憑其將自己變得憤世嫉俗，還有其他種種可能性。他們甚至集資從荷蘭請來掩護安妮一家人以及其他猶太人的老太太 Miep Gies（1909-2010）來課堂演講。[10]這部

---

[9] 這不會是容易的課題，因為還牽涉到原住民土地被侵占的歷史事實，以及連帶的正義責任。請參閱施正鋒（2018）。《轉型正義、基督宗教、解殖民》。花蓮：台灣原住民族研究學會。

[10] 可參考 *Freedom Writers*, https://www.youtube.com/watch?v=AjGIJPE8B8I.

電影說的，不僅是老師如何改變學生的故事，更感人地顯示出公義的歷史性與交織；被種族歧視奪去青春的安妮，在數十年之後以其故事點亮了這群徬徨的少年，原本被學校放棄的問題學生全數從高中畢業，有些甚至進入大學，安妮的文字賦予這些年輕人生命，擺脫暴力的宿命，人類的命運是交織在一起的。

故事中的主角雖然未說出原諒二字，但卻賦予寬恕新的實踐意義。他們每個人都遭受家庭、學校與社會的傷害，也曾經彼此傷害，最終以珍惜自己以及共同完成某個計畫的方式來表達和好。寬恕未必是直接實踐在為害者身上，但卻能使受害者脫胎換骨，進而對他人實踐恕道與寬容。若是以個人整合作為國家整合的暗喻，我們是有可能看見臺灣各族群跨越舊有傷痕，以新的方式紀念曾有的流血犧牲，創造新認同。猶如屠圖主教所說：

> 真正的寬恕要了結過去，了結全部的過去，使未來成為可能。我們不能以無法再代表自己說話的人的名義，冤冤相報。我們必須承認，我們現在所做的一切，是為古人、為現在、也為將來。不論怎樣，這才是群體成其為群體、人民成其為人民的東西。（頁 312）

而《中國時報》記者江靜玲亦曾在其專欄表達：「我們需要心靈能力原諒彼此，學習對方文化的長處。」又如古倫神父[11]在

---

[11] 古倫神父為德國 Munsterschwarzach 聖本篤修道院經濟管理人，亦是國際知名演講者與作家，著作多達三百餘本，譯成三十多種語言，全球銷售量達一千五百萬冊，主持講座內容包括靈修與企業管理。本資訊整理自：https://tcnn.org.tw/archives/159567、

長老會二二八 70 周年紀念禮拜講道中提到,達到「慈悲與正義的社會」的五個面向,[12]他同時講述原諒會經歷五個階段,首先要明白,原諒不代表自己低人一等,接下來的步驟第一要:「承認內心所感受到的痛苦」、第二「允許內心憤怒的存在」,因為憤怒是一種把自己和加害者隔開的力量、第三「分析這個傷害是怎麼形成的」,運用在理解自己的生命故事,會產生堅強的力量,運用在國家上,能明白自己的歷史,從而「腳踏實地」地存在、第四是「潔淨受傷的情緒」,因而從心理上擺脫對方的掌控、第五是很多人都可能聽過的「把傷口變成珍珠」,將受害的經驗轉變成未來的力量。

　　無論是屠圖主教或古倫神父的講道,都能幫助我們理解何以在臺灣,歷史的傷痛無法好好處理,進而影響了認同,影響不同立場的人能好好對話。若從文化層面來看,我們的社會不擅於在日常生活中處理衝突以及受傷的經驗。因此,國族的痛苦要癒合之前,首先能從個人層級作起,無論這個個人是平民百姓或是擁有權位者,都能先具備這種突破文化障礙的認知,也就是要歷經奇異化的過程,而這種過程即是啟動文化構作,改變舊文化、創造新文化。

---

http://101.pct.org.tw/2010life/introduction.aspx. 擷取日 2023/11/10。

[12] 全文出自:
http://www.pct.org.tw/article_apoc.aspx?strBlockID=B00007&strContentID=C2018050600006&strDesc=Y 擷取日 2023/11/10。當我進行自己的整合過程時,古倫神父尚未主持這場禮拜,但我卻發現自己的心路之旅竟然和這五個面向有驚人的類似之處,例如:第一,「不公義的事必須被哀悼。」因為哀悼傷痛能進入靈魂的深處而興起對和平與自由的真實渴望。這正是我前幾段提到的,進入自己心靈的黑夜,明白真正的公義是不分族群的。

覺醒

有一群人被綁在黑暗的洞穴裡，所看到的只是山壁上的投影而
見不到原貌，他們卻以爲這就是真實。

——柏拉圖《理想國》洞穴寓言

身爲臺灣人民，幾乎沒有人未曾經歷過種族歧視與國家認
同的困擾。我亦曾深受其苦，但未料有一朝它竟然成爲我整合
人生的重要關鍵，更成爲書寫本書的契機。臺灣認同有很大一
部分受到族群衝突與偏見影響，它不僅影響個人心靈層面的認
同，更左右世代因循這種混亂的認同。從這個角度看來，若是
不能好好處理爬梳認同的議題，我們得說自己的內在人格有一
部分是無法獨立自主的——必須承襲先人給的認同與價值觀，
甚至是恩怨，否則容易背上數典忘祖的指責，這是很多國人的
集體恐懼。

> 如果我們的自我認同是來自於所屬的社群團體，必然會
> 對那個團體忠心耿耿，唯命是從。……但當成員過度認
> 同團體時，就會讓這個團體激烈地抗拒建設性地改
> 革……當我們認同團體的價值體系時，就更容易盲從，
> 也會和在任何方面挑戰團體的人對抗。盲從的模式就此
> 確立了。(基廷，頁 43)

基廷《基督徒的默觀之路》雖是爲基督徒而寫，但其內容
卻是關於深刻的心理分析，是超越宗教的。當中剖析的盲從心

理能解釋各族群及各國不理性的行為：例如歷史上違背良心造成大屠殺的人類心理。但我們無須絕望，基廷提出了解方，雖然這解方是極高的要求：

> 忠於家庭、國家和信仰，懂得飲水思源、知恩圖報固然是美德，但忠誠不是絕對價值，忠誠應該經過心智自我意識的開導。在這個較成熟的意識層次裡，個人對所處團體負責的先決條件，就是能對團體有長久良好的影響。（頁48）

亦即，在這個意識層次中，個人做出的決定是會對自己與團體長久來說，是朝向較好的發展。[13]也因此，認同議題其實給我們機會剖析文化當中的深層人格特質：究竟我們能允許個人有多大的自由與獨立去做抉擇，從而成為更成熟的個體，因而將團體帶往更好的發展。

我因此領悟，人需要活出兩段人生：前半段受到出生背景的影響，接收了前人的價值觀，包括恩怨；後半段則是個人力量的覺醒，必須整理人生中的好壞影響，由中建立新的領悟，這時候，人才能夠說，他開始活出獨立與負責的人生。處理認同不是政治家或學者的專利，不是由外強制的。個人擁有健康的認同能影響群體建立健全的認同，這是我經由理論與親身體會所得到的驗證。我意識到認同不單屬於政治領域的論述，更是每個人的重要課題，不能單從理論去說服人，而是從個人的

---

13 《基督徒的默觀之路》還分析了人類何以依附團體而掩蓋自己內心聲音的原因：例如恐懼、利益等等。這些超過本書篇幅所能論述，讀者可以自行參閱。該書文字平易近人，即使是非基督徒也能對當中的議題產生共鳴。

理性與更高的意識去覺悟。因此本章跳脫傳統學術論述的框架：絕對的理論與理性，而是以跨領域的角度融入理論與個人敘事。事實上，無論中外，已有學術界以跨域的方式進行學術界內外的對話與融合。[14]

走過這段覺醒的旅程，我知道深入認同是多麼艱辛，而能夠同理其他人深陷認同之戰的辛苦。我更體悟到，心靈的事不能由頭腦掌控，對於公義的領悟不是由研究步驟得來，而是自己走入黑夜，親自背起種族歧視的十字架而悟得，在感性與理性上均充分明白，正義與和平必須普及所有族群，沒有任何族群得以強勢使他人屈從。我同時也明白，人要脫離習性以及群體制約何其不易？那需要相當的勇氣與內在實力。而曾經的叛逆讓我體會，人何以習於抱怨、逃避、卸責。深入內心後所面對的罪惡是有意義的，那不表示我要像個自虐狂般地歌頌罪惡，而是懂得罪惡當中的救贖：我不是需要經過這一切才能理解為何公義與和平是如此重要。

若不是這趟內心之旅，我不會有停下來的勇氣，面對內心深處種種的矛盾與衝突，也不會知道自己活著所為何來。祖靈的召喚帶給我的震撼遠遠超過我所預期。從單純地只想好好做自己，擴人到需要明白我所處的社會，甚至是整個人類大家庭。臺灣的認同議題引領我從自身所受的苦難去面對更大的課題：

---

[14] 例如我在 2022 年 7 月參加的「弄潮：劇場文化、記憶與產業變遷研討會」，有克羅艾西亞的學者和日本海鷗機器劇團合作，探索日本人對南京大屠殺的看法，這項計畫結合學術觀點，進入田野調查。又如國內許多大學注重的 USR 計畫，鼓勵大學推動社會的進步與永續發展。

「我是誰？」、「人是什麼？」、「神是否存在？」、「人為什麼彼此仇恨？」、「人為什麼受苦？」這是生命的弔詭：除非我能懂得我所存在的這個大世界，我不可能完全認識自己；而當我認真看待自己時，我也會懂得和我息息相關的人類歷史。若是國人能將認同的議題連結到更大的視角，應當能夠跳脫此時的論述泥淖。

　　人類在整個歷史長河中學會當人，個人更需負起其中屬於自身的責任。覺醒必須親自進行，他人無從代勞，這是非常有意義的創造與更新。在歷史外圍責怪神和他人很容易，親自走一遭自己歷史的真相又是另一回事。**自身的歷史不正視，人類歷史無從理解；個人的苦難若是不能親自面對，則世界的苦難無從洞悉。**歷史不能停留在印象派式的拼貼與斷章取義，唯有進入事件核心，重新組合才會發現意義。這樣，我們不會在時代的表象中載浮載沉、哀聲怨道、無力叛逆，耗費一生。如果我們連自身的歷史都無從掌握，從何處理更大的團體敘事？因此想要國家成熟，先從個體成熟做起。

　　歷史充滿黑暗與暴力，卻無法阻止人類對於正面價值的渴望。例如記錄猶太浩劫的《安妮日記》、《活出意義來》。臺灣的認同衝突雖然凸顯人性的黑暗，但也給我們機會選擇看見黑夜中的光。

歷史：奇異化個人歷史

　　本章紀錄了我如何奇異化自我認同的過程，我發現過往的

斷簡殘篇在信仰的光照之下，可以產生新的解讀，能將人從過去慣性的視角釋放出來，不會把印象當真相，[15]因而影響生命朝向更積極與正面的發展。這種非常私人性的解讀，無法以理論取代，更無法由旁人代勞，因為只有本人才能深入自己的潛意識。每個人若開始奇異化自己的歷史，將會改變對祖先、對自己的看法，很可能因而奇異化關於國家認同的觀念，注入清新的意識與做法。

歷史是由許許多多的自傳所構成

如果說自傳有如個人的歷史，那麼國家歷史某種層面也是由許許多多的自傳所構成。回顧自傳也影響我對歷史的定義。歷史並不是一次性完成、固定不變、無法改變的事件，觀點與視野能給歷史帶來新的詮釋。即使歷史是過去式，它並不是死的，它仍然具有被更新的潛力，因而產生不同的解讀，對未來具有積極的影響。這領悟給我勇氣開始一步一步深入過往不敢碰觸的傷口，帶來一連串的覺醒。當我深入自己的歷史，那些曾經無法接受的困境也開始產生意義與連結，猶如詩人讚嘆的：「但黑暗對你並不朦朧，黑夜與白晝一樣光明，黑暗對於你無異光明」（聖詠一三九.12），幫助我理解個人的、人類歷史的黑洞、神在黑夜中的沉默所具有的重要價值。假使我透過整理

---

15 例如不是每位漢人都歧視原住民，我的人生也沒有卡在種族歧視。感謝我身邊不少學術同儕沒有偏狹的種族歧視，但我也必須說，有種族歧視的學者大有人在，希望大家一起努力，勇敢消弭偏見，免得教育界有族群偏見的人繼續傷害學子。

自傳能產生這麼大的釋懷，那麼倘若更多人開始整理他們的人生，所能產生的影響必能改變我們對族群與國家的看法，從而產生積極的影響力。

　　透過綿延的歷史，人類還在學習認識自己，為自己負責。覺醒並不容易，但不是不可能。全球化促成的天涯若比鄰型態，使得此議題更加重要，因為人類福禍相倚的情況更加緊密，需要更多人的覺醒，好能改善我們目前對待世界與彼此的態度。因此，想要做好國際規格的全球化、跨文化交流，先在國內實踐。期盼世界和平，先從家園做起，從最小的單元：個人內心做起。

第五章　國家認同的戲劇再現

研究動機

　　剛開始書寫本書時，我將主要焦點放在原住民被醜化的歷史，以及我在日常生活中遭遇的事實：臺灣民眾不知道如何面對具有多重血統的他者，強行以其中一種血統作爲身分依據，而造成他者認同的錯亂。[1]又如，沈筱綺質疑典型的民族認同論述：「一個人擁有兩個民族認同被視爲是認同上的重婚罪，造成認同的混淆與危機。」（張茂桂，頁 124）她同時引用西方學者跨國比較研究發現：「不同的民族認同之間並非相互競爭排斥，而是互補共存。」（張茂桂，頁 125）然而雙重認同的現象在臺灣是被多數研究者忽略的。（張茂桂，頁 125）甚至，我在閱讀文獻的過程中，更發現漢人三大族群之間亦充滿齟齬，因此將本章的認同議題跨大，不僅處理原住民認同，更要處理漢民族的認同。我亦注意到許多文獻較忽略的地方：認同充滿情緒張力，若這些情緒無法處理，將嚴重影響理性對談，進而有礙族群之間的對等關係，遑論社會整體發展。這也是何以我把「國

---

[1] 例如多方位藝術家暨演員蘇達同時具有鄒族、賽德克族與漢族血統，但維基百科的簡介只提及他是鄒族原住民。他曾表示，身爲原住民，不時要面對帶有敵意的「多數漢人社會的權勢檢視」。
https://ent.ltn.com.tw/news/breakingnews/4387272；
https://www.u2mtv.com/movie/actor/?a=%E8%98%87%E9%81%94 、
https://zh.wikipedia.org/zh-tw/%E8%98%87%E9%81%94
擷取日 2024/01/07。

家認同」的主題列在本書最後一章，因為經過前幾章的爬梳，讀者能理解處理認同必須深入心理層面，甚至是精神層面，進而願意正視盲點，放下成見接受其他說法，以更全面的角度看待此議題。即使尚未開啟與其他族群的對話，能夠意識到本身的盲點，願意以較開放的態度聆聽他人，即已達到本書最基本的目的。

本章引用的文獻來自各領域，值得讀者延伸閱讀，而我則從戲劇理論提出不同的面向。戲劇擅長敘事，更是最早研究人類行為與深層動機的藝術，遠遠早於科學心理學的出現。[2]亞里斯多德認為人類行為具有深層的動機，必須以再現的角度分析表象，以六大要素：情節、人物、語言、思想、音樂、景觀等掌握戲劇結構，也提供分析人類行為的方法。將認同視為表演「文本」，能從中分析深層的動機以及窒礙難行的原因。

從表面上看來，認同的衝突來自於政治立場相異，其中更不免牽涉到權益。然而深入究理，隱藏於深處的卻是文化習性。令人震驚的是民眾的習焉不察，沿襲道聽塗說對各族群的成見而不求證；知識分子亦然，把持僵化的偏見讓認同議題跨不出困境，更傷害許多他者的認同。猶如施正鋒所言：「我們應當思考如何讓過往族群的衝突能在後代有較圓滿的處理。」[3]我們不

---

[2] 見《詩學》第六章，亞里斯多德將悲劇定義為再現人的行動 action，而這個行動是因為深層的動機而推動，把所有角色捲入，揭露了人的思想與決定，以及帶來的一連串後果。

[3] 「客家人的不滿來自於福佬人的沙文主義，雖然閩客的械鬥已成歷史，但事實上兩方仍殘存一些根深蒂固的成見……。」（施正鋒，2005，頁70）

能讓過去的陰影一直操縱，需要心靈的除喪，從而建設更健康的認同。

　　為瞭解臺灣認同的議題，更為認同所苦的人釐清認同的來龍去脈，而非停留在自我想像中，甚至是陳年偏見中，我開始閱讀相關文獻。最終，參照這些文獻為我的認同帶來新的視野，期盼讀者也能從中獲得認同的新養分。令人可喜的是，越來越多的研究不再偏重分析式的冰冷理論，而是援引當事人的故事，為認同的研究帶來溫度，例如張茂桂、葉春嬌等等。交叉對照這些來自不同族群的故事，能凸顯以往醜化族群的成見是多麼不合理，而臺灣民眾竟能長期信以為真，這是多麼令人震驚。因此關於認同不能僅有一種版本，不能僅採用單方詮釋。我在此以李安的《少年 PI 的奇幻漂流》為例，說明以上觀點。

　　說故事牽涉到敘事者的不同切入點，也因此產生各種詮釋，這是在處理認同敘事時必須謹慎的要點。在此以《少年 PI 的奇幻漂流》電影結尾舉例說明。主人翁派（PI）說了兩個版本的船難經過，報告書證實了其中一個版本。關於此結尾網路有許多有趣的詮釋與討論，不少觀眾認為老虎只是個象徵，代表派的精神層面，所以派不可能吃掉自己。我在此簡要提出自己的詮釋，說明詮釋與選取的符號及結構有密切的關係。在片尾，派說出自己很在意老虎的無情，牠頭也不回地離開，沒有回頭望向派，沒有好好告別成為派心中的痛。不過老虎真的如派所說的這般無情嗎？片末老虎走進叢林之前，鏡頭先出現派的微笑，然後老虎走進叢林。這並非老虎第一次走入叢林，在

無人島時，老虎也曾跟著派上岸，這時的叢林類似之前無人島的樹林，我將片末派的微笑詮釋成老虎記憶中派的微笑，成為指引牠進入樹林的符徵，牠相信派這時也會如同之前一樣在樹林中等候牠。況且，兩者被救時都瘦骨嶙峋，表示他們寧願忍受飢餓也不願意為了生存吃掉對方，這趟旅程建立在互信的基礎上。

再者，究竟兩者終究知道彼此的「心意」嗎？這部電影呈現了耐人尋味的敘事結構，故事中的人未必立刻知道全貌，說故事的人也有不知道的部分，例如：老虎是怎麼想的。片中寫故事的人（加拿大籍作家）去找說故事的人（中年派）探究真相，認為派說的故事會讓他相信神的存在。而說故事的人說：「現在這個故事屬於你了。」（The story is yours now.）無論是派或是這位作家，顯示出故事有編織的部分。有些詮釋者以符號學的角度將老虎詮釋為派，這是派成長的故事，因此老虎是派的象徵，畢竟派不可能吃掉自己。然而報告書的存在推翻了這個詮釋，承認成年孟加拉虎確實存在，當然亦可詮釋成，兩位日本調查員接受了老虎是實體存在的這個版本的故事。[4]而派本人也非常在意老虎究竟是否在乎兩人的關係，依據此說法，可推

---

4 出版之 DVD 中文台詞出現的秒數極短，且其最後一句翻譯：「更沒有人的同伴，是一頭孟加拉虎。」並未完全翻譯英文之原意，因而凸顯老虎的確存在，並非只是派的象徵此一事實。在此引用英文台詞，並附上本人中文翻譯："Very few castaways can claim to have survived so long at sea and none in the company of an adult Bengal tiger." 極少海上漂流者能存活得這麼久，更何況陪伴他的是一頭成年孟加拉虎。前一句按照電影原譯，後一句為筆者翻譯。

斷老虎是獨立於派而真實存在的個體。雖然老虎與派的連結可以從象徵來解釋，但我認為純粹以符號來看待老虎只是派的象徵而非真實的存在，可能會無法解釋電影中某些情節，從而侷限了當中的意涵。

我以老虎與派的幾種詮釋類比臺灣的認同敘事：我們未必能全面知道，在國家認同這個大口號之下，許許多多的個人如何詮釋這個敘事，當中又有多少被忽略的故事不為我們所知，正如同派無法得知老虎如何看待彼此的關係，又或許派終究明白，而沒有向作家全盤道出，因為他將說故事的權利交給作家了，如同他向日本調查員說了兩個版本的故事，將詮釋權或相信權交給日本人員。但電影中的鏡頭運用以及報告書的存在，給予觀眾近乎全觀者的視角，有能力拼湊出故事的全貌，至少知道不能以偏概全。由此，我們知道自己視角的限度，面對他人的敘事要更謙虛和尊重，而不以自己的詮釋為絕對的版本。

許多的認同文獻以漢人的視角出發，也就是以漢人的口吻說故事。然而無論是從生活中的觀察或是閱讀文獻，都可以發現以漢人為主體出發的認同觀似乎已陷入僵局，必須從比較文化的角度來奇異化目前的認同論述。我接觸了知本的除喪祭，進入一連串的反省過程，顛覆我對原住民文化的偏見，連帶認識原住民文化的可貴與獨特，其中包括原住民關於認同——「誰是我的同胞」的文化實踐，如何有別於漢人對於「自己人」的觀念，感到耳目一新。臺灣認同衝突很大的原因來自於政治領域或選舉期間時，挑動漢文化中對於「自己人」和「外人」根

深蒂固的觀念。找出誰是自己人，就能定義相關的權利和義務，藉以對抗外人來鞏固權益。[5]然而這在現代化與全球化人民意識高漲的時代，必然會付出很大的代價。[6]早期臺灣各族群為了競爭土地與資源而區分敵我，現在進入國際場域，若仍延續過往的敵我認同，在國內自我競爭與拉扯，而無法形成同一群體的意識，在面對國際議題時是很難團結一致。認同衝突不僅消耗國力，更難以在國際上立足。

相較來看，原住民對於「同胞」的定義比較趨近民主。[7]李喬在其著作《臺灣人的醜陋面》亦肯定這一點，同時還認為原住民較「開放、率真、達觀」、「團結合作、大公無私」，而這些「正是漢人社會所欠缺的。」（頁 152）也因此，從比較文化的角度來看，原住民的認同觀能奇異化漢文化認同觀的狹隘面，[8]以原住民族群認同觀跳脫純漢人的思維，是一個可行的方法。

藉由新的認同觀擴大對「同胞」的定義，產生的新思維能帶來的新利益，對照舊思維付出的代價，能夠說服人民改變的必要與好處。而經由認同觀的爬梳，臺灣民眾其實在進行的是文化的整理與更新，也就是本書提出的「文化構作」的過程。

---

5 參哈瑞森、杭亭頓編著《為什麼文化很重要》（頁 352）：「基本上不信任家族以外的人」以及「依賴成性」。

6 例如葉春嬌提出：「這正是多位學者所指出的，近年來影響台灣社會穩定運作與發展的最主要原因，是社會大眾對國家認同缺乏共識，以及省籍族群間的矛盾與競爭。」（頁 57）。

7 見以下「奇異化認同」那一節。

8 然而漢文自古便有「五湖四海皆兄弟」的說法，而臺灣近幾年新住民取得身分的現象，說明漢人關於「同胞」的實踐，是有可能逐漸邁向擴大的可能性。

這些都能具體影響生活本身的內涵。

　　本書出發點在於關心眾多被論述左右而失去平安的民眾，希望他們閱讀本書提出的各方論述，能為個人認同釋放陰影，帶來心安，如此能為認同產生更健康的影響，進而為國家認同貢獻更多積極的效益。個人認同與族群（國家）認同環環相扣。

研究範圍與限制

　　有許多文獻以統獨的角度來探討臺灣認同，本書不在此重複這樣的觀點，一來為本書太過龐大，二來個人認為這並非是處理國家認同唯一的途徑，[9]更迫切的是更根本的族群成見，以及隱藏於其中的文化價值觀，如何造成不必要的對立，不但影響眾多民眾的個人認同與平安，進而影響更大認同（族群與國家）的健全觀念。這些深藏的潛文本不先處理，統獨論述也很難理性評估：「我們最擔心的情況，是族群菁英刻意操弄一般百姓的情感，來達成政治上的目的……在這樣的情況下，國家存在的理由，彷彿只是被用來支配其他族群。」（施正鋒，2004，頁 196）施正鋒的這句話揭示漢文化的潛藏面：民眾容易崇拜族群的領導者而唯命是從，這將妨礙個人的獨立判斷，而所謂的菁英也很難避免個人的偏見與私利，進而影響了客觀的論述。若是潛藏於文化中的因素不處理，日後即便通過其他方式推動統或獨，隱藏的因素仍會帶來衝突。例如邱貴芬提出目前的國家論述其實隱藏陽性認同，亦即由男性主導的排他性國族

---

9 例如林義均提到：「本論文會儘量避免談論統獨的議題……。」（頁 31）

135

主義，極易帶來紛爭與壓制。[10]這樣的觀點令人深思：漢文化以父權主義統治國家，男性其實也深受其害，因為深陷於以戰爭及霸權定義男性認同。此觀點將文化深層結構抽絲剝繭，而非局限於表層的族群恩怨。這種抽絲剝繭的手法，猶如亞里斯多德的再現論，揭示了深層的行為動機。若以文化構作角度分析，則揭露性別認同組成文化當中男性的角色實踐，甚至影響族群認同，必須正視且提出得以改變的方式。在此不以簡易的二分法提出「以陰性的女性主義」作為解藥。因為一來陽性認同或陰性認同也有不同光譜，二來以陰性主義糾正陽剛霸權，容易陷入鐘擺效應，走向另一種極端，但提出陰性觀點，至少能起到奇異化陽剛主義的效果。能意識到陽剛霸權如何左右國家發展，認同即有鬆動與擴大的可能，進而進行對談與建議。

　　不少論述以漢民族歷史討論認同，例如閩、客家、外省彼此之間的對立，這固然有其必要性，能了解三大族群認同的來龍去脈。缺點卻是，往往忽略參照他者的觀點，例如原住民對認同的看法；這種忽略是否已理所當然將原住民視為被統治的族群，因而對國家認同不具備表達的權利，國家認同是漢人之間的內部議題。關於這一點，陳致均於其碩論《李喬〈泰姆山記〉的神學意涵》語重心長地論述：

　　　　畢竟數百年來，漢族流民入墾臺灣，因生活空間與經濟
　　　　利益的爭奪，曾引發不勝枚舉的各種人命械鬥，也憑藉

10 引用自張玫君（2009）〈「空缺主體」與「陰性情境」：重探台灣後殖民論述的幾個面向〉。《文化研究》秋季第九期，頁 5-44。頁 12。

著所謂文明優勢，巧取豪奪、蠶食原住民賴以為生的土地和利益，反客為主，乞丐趕廟公，成了臺灣土地上不折不扣的入侵者；使得漢族引以為傲的篳路藍縷之拓荒史，也成了原住民的血淚蒙難史。這顯明出身為客家人的李喬，能擺脫漢族主義中心的思考，虔誠地向原住民致敬，流露出有良知、有歷史觀的臺灣作家對於自我族群的深切反省，更在臺灣族群的定義上，沒有如同許多團體的漢族沙文主義，越過原住民的存在，去定義臺灣人，反而按照真實的歷史和倫理而加以推崇之，這是十分難能可貴之處。（頁63）

本章對照各方說法，尤其澄清論述中的成見與限制，希冀藉此化解讀者因偏頗的論述造成內外衝突。此外，更以原住民認同觀顛覆理所當然的族群認同：族群自我中心式的視角如何框住了人民的思維。以奇異化破解僵化，有助於人民跳脫認同論戰的困境，為認同帶來新意。

文獻探討

國家認同近年成為諸多領域關切的議題：

傳統社會科學對認同問題的切入點蓋可分成心理學、文化人類學、歷史學、政治學、經濟學、法律學、社會學等面向，而臺灣的認同議題分析主要可從政治學與法律學的自由主義、文化人類學與歷史學的民族主義、社會學的後學論述等三方面作為切入點，形成不同的認同觀

論述。[11]

而認同（identity）具有多重涵義，涵蓋「**族群、階級、性別、種族、性慾特質和次文化……**」，[12]且：

> 沒有單一因素占有優勢，如果確實有某個因素占有優勢，或者被選用來作爲主宰個人或團體行動的描述（亦即身爲女人、身爲塞爾維亞人、巴勒斯坦人、黑人或同志），這就稱爲「認同政治」……。（Peter Brooker，頁 199-200）

又如靳菱菱在〈西方宗教與臺灣原住民族群認同建構的幾點觀察〉提到：「個人的主觀意願才是族群建構的重要元素。」因此，「族群邊界是流動的、族群意識也是隨環境而改變的，族群認同更可以是被建構的。」（靳菱菱，頁 99）

綜合以上論述，認同不會只是單一面向或固定的，甚至可能受到操弄。然而臺灣媒體或日常文本，時常散發出族群認同是固定不變的，若有人改變認同，往往被視爲叛徒而遭受撻伐。（張茂桂，頁 XII、葉春嬌，頁 141）臺灣民眾長久受限於類似言說，但要翻轉並非不可能：「『認同』是一種個體與社會之間不斷對話而進行建構與重塑的過程，然而當個體認知到在這樣的社會建構場域中，充斥著許多限制與敵意時，個體則具有某種程度的力量，以行動與之對抗。」（張茂桂，頁 73）政治與歷史因素主導臺灣人民的個人認同，李喬則以不同的角度思

---

[11] 林義鈞，《台灣國家能力與國家認同之關係》（1990-2000），臺北：秀威資訊科技股份有限公司，2006，頁 9。

[12] Peter Brooker《文化理論詞彙》，粗體字爲原來印刷。

考:「認同是一種非常高貴尊嚴的想法,卻用來解釋這種衝突(族群的對立與撕裂)我認為很不適當……我想把認同拉回到個人的生命定點的安置,而生命定點的安置必定和土地結合,所以我看待認同就是和土地的結合。」、「讓認同回到土地的認同上面,可以舒緩目前臺灣因為講認同而產生的對立或異議。」(施政鋒,2005,頁 203)葉春嬌則提出:「認同還是……一系列對自我處境的提問與思維(包括問我是誰)。」(頁 132)以上說法跳脫人僅是政治立場關係的框架,人還有更大的視野決定自己是誰。個人得以透過獨立思考,走出僵化的認同:「困窘的解除並非直接囫圇吞下一套政治論述,而是能指出方向,只要也這麼從自身開始思考臺灣歷史,你也可以找到屬於自己的答案。」(葉春嬌,頁 vii)

　　林義均則指出方法論本身的限制直接影響了族群關係的論述,一來是忽略全球化的影響,二來是知識論本身的框架。(頁 26)[13]而要跳脫傳統的研究途徑更是學界必要的嘗試,尤其是「……受到忠誠質疑……這種以『敵我區隔』所建立的認同,是政治學經常用來研究認同的角度。」(頁 30)也因此「政治學封閉的知識論亦面臨自我的檢討。」[14]施正鋒則提出這樣的建議:「類似學理適用的困絀,便有賴於本土學者,根據臺灣民主發展的特殊性,參酌西方的學理邏輯,建立起符合臺灣發展軌跡的解釋與展望。」(頁 16)

---

[13] 頁 26 註 42 提出:例如哈日風潮、哈韓風潮等趨勢對年輕一代認同的影響。
[14] 參頁 30 註 51。

基於以上的論點，本章引用各領域的文獻互相參照，有第三人稱與第一人稱觀點，有資深學者的剖析，亦有年輕世代的觀察與渴望，更有各個族群親身的遭遇，其共同點是：「作者們從不同的學科背景、立場進行撰寫，而文中的敘述方式，時而客觀超然，時而感同身受。」（張茂桂，頁 IX）這些來自不同世代與族群的作者皆迫切意識到，臺灣民眾需要對此議題深度認識，才能有對談的能力，進而走出認同困境，建立新認同。

戲劇與認同

　　認同無疑是個人身分的展演，可以視爲表演文本。首先，戲劇通常以六大元素再現人的行爲：情節、人物、語言、思想、音樂、景觀。[15]接下來將以國家認同當中的多元族群作爲重要角色，透過說故事或文獻（語言）掌握劇情，以及推動劇情的思想，試圖找出國家認同的公共論述與民眾私領域之間的交集與差異，以及各種論述的脈絡，藉以明白箇中衝突的起因，以及達成溝通與理解的可能性。

角色與劇情

　　臺灣民眾在認同的這個大劇情中扮演不同的角色，因其立場而帶來不同程度的衝突。以民眾熟悉的場面而言，透過傳媒傳遞的認同劇情頗似傳統戲劇結構中的正反對立：統一或獨立、臺灣或中國等二元對立的結構。但政治大學選舉研究中心

---

15 雖然後現代戲劇突破這六大要素的傳統結構，但或多或少仍可看出這些元素的存在，而以不同的風格或手法呈現。

2023 最新調查結果，卻推翻上述視角：臺灣認同的比例大幅提升，也新增第三選擇：統獨之外的維持現狀、雙重認同（同時是中國人和臺灣人）。然而這項研究發現卻不為人民所知。我們日常接觸到的往往是二分法的論述，而人民時常一概被分為兩種陣營。這種論述淹沒了其他聲音。二元對立的思維輕易將人分為好人與壞人。在臺灣的認同論述中不同的陣營都以正義的一方自居，而其他人則是「壞人」。然而過往歷史錯綜複雜，很難有任何族群宣稱自己是完全無辜的，以撻伐他人來建立自己的正義，這種正義觀無法帶來族群和平。我在本書說出自己的經驗與文獻中的真相，只有一個初衷：**說出真話給予人平安**。我們不需承受他人的撻伐而感到招架無力，或是以其人之道還治其人之身。正義必須建立在同等的對待上，沒有欺壓或自貶。**符合正義的認同能帶給人平安與尊嚴**。而由認同而來的相對權益與團體的連結，不需要透過以下幾種角色扮演：以自認的正義去壓迫自己人或是非我族類、必須以傷害自己來換取自己人的認同與支持、和自己人聯手來壓迫外人、若離開自己人將無法存活。在同一塊土地生活的族群以成熟的價值觀建立認同，在這個前提之下都是自己人，甚至這個「自己人」可以擴大到居住於其他地域的人民。以血統或利害關係來定義「自己人」，會給人類帶來永無止盡的傷害。有自己人就意味著有被排斥的「外人」。耶穌以這個比喻闡釋何謂「自己人」：

> 有一個法學士起來，試探耶穌說：「師傅，我應當做什麼，纔能獲得永生？」耶穌對他說：「法律上記載了什

麼？你是怎樣讀的？」他答說：「你應當全心、全靈、全力、全意愛上主，你的天主；並愛近人如你自己。」耶穌向他說：「你答應得對。你這樣做，必得生活。」他願意顯示自己理直，又對耶穌說：「畢竟誰是我的近人？」耶穌答說：「有一個人從耶路撒冷下來，到耶里哥去，遭遇了強盜；他們剝去他的衣服，並加以擊傷，將他半死半活的丟下走了。正巧有一個司祭在那條路上下來，看了看他，便從旁邊走過去。又有一個肋未人，也是一樣；他到了他那裡，看了看，也從旁邊走過去。但有一個撒瑪黎雅人，路過他那裡，一看見就動了憐憫的心，遂上前，在他的傷處注上油與酒，包紮好了，又扶他騎上自己的牲口，把他帶到客店裡，小心照料他。第二天，取出兩個銀錢交給店主說：『請你小心看護他！不論餘外花費多少，等我回來時，必要補還你。』你以為這三個人中，誰是那遭遇強盜者的近人呢？」那人答說：「是憐憫他的那人。」（路十 25-37）

　　在耶穌的時代，撒瑪黎雅人被猶太人視為次等人、仇人，不與之為伍。故事中的「自己人」──司祭和肋未人撇下自己受重傷的同胞不管，反而是外人，一位撒瑪黎雅人救了受傷的猶太人。耶穌說的這個故事，突破猶太人的認同觀，不應以族群為看人的絕對標準。這個故事頗有奇異化的效果，也能為臺灣族群認同提供思考：究竟什麼樣的人才是自己人、是誰決定以什麼標準來揀選自己人。漢娜鄂蘭曾被記者訪問是否愛自己

的同胞猶太人時，她不假辭色地回答：「為什麼我要愛自己的同胞？我只愛我的家人和朋友。」這句話相當具有奇異化的效果，也讓我們省思「同胞」一詞的使用是否含有意識形態，或是理所當然。[16]

僵化的角色：刻板印象

所謂的僵化就是不具有生命，停滯不前，不會更改。刻板印象就是把這種僵化的印象強加在他人身上，認為對方無論如何是不可能改變的，亦不會與時俱進覺察他者的進步而更新自己的印象。人何以執著刻板印象而不相信眼前事實？當我閱讀媒體時，充斥的刻板印象仍讓我吃驚，例如朋友在臉書轉發，有牧師認為太魯閣號的事件受害者很多是原住民，這是因為祭拜祖靈的迷信造成的。[17]然而在 2021 年東京奧運許多原住民選手表現優異，這是否也要歸因於祖靈的保佑？而刻板印象也發生在族群認同上，使認同議題更加複雜。

臺灣族群以本省人占最大宗，而占少數比例的外省人在認同論述或一般民眾的印象中，時常一概被歸類為既得利益者，是國民黨的幫兇。甚至學術界的國族主義論述也不乏這種簡化外省族群的錯謬：「然而許多外省人並不屬於壓迫階級的成員，可是在當前臺灣民族主義的論述之下，卻被迫分享壓迫階級的

---

[16] 電影《漢娜鄂蘭：真理無懼》（2012）瑪格麗特‧馮‧卓塔（Margarethe von Trotta）導演。台聖發行，2014。

[17] 請參照第二章〈祖靈信仰與認同〉，詳述基督宗教對原住民傳統信仰的破壞與重建。

道德責任。」（沈筱綺，頁 144）又如施正鋒所說：「使『外省人』含糊地隨之被建構成爲殖民者……，即使許多外省人實質上是被統治者或屬於社經地位上的弱勢群體……。」（施政鋒，2005，頁 46）例如我在實際生活中遇見的許多單身榮民、在戰爭中失去雙手或雙腿的老兵，認眞本分地以賣愛國獎券或其他勞力工作換取微薄薪資度日，他們從何獲得壓迫他人的高權呢？只因他們是屬於外省族群，即自動背上殖民者的原罪嗎？將族群作爲唯一的認同依據，凸顯其荒謬性。族群認同尚有許多細節必須認眞思索。國族主義將外省人同質化，無法反映眞正的現實情況，如沈筱綺所述：

> 如果「外省族群」是臺灣獨立運動爲了打造「臺灣民族」的臺灣民族主義論述產物……爲什麼他們所描繪的「外省人」對我那麼陌生？（頁 114）……我的生活經驗和政治理念，與公共論述或學術研究中所描繪的外省人，卻有很大的差距。（頁 111）

沈筱綺同時論證，這種差距並不只發生在她身上，同時也發生在許多被稱爲「外省人」的他者。（頁 114）由此益發覺得孟智慧所說的極其適切，能適用於任何族群在認同過程中被誤解的心路歷程：

> 我付出心力深究的，一直是尋常人的生活智慧與情感。藉由尋常人在特殊歷史時空下開展的眞實生活，我理解到將人分置爲「軍」、「民」、「義民」、「難民」、「漢人」、「原住民」……是把人的生命物化爲一個帶著巨大標籤

的標籤人⋯⋯作爲一種分類，它不應是全部，也不應是
對人的唯一認識。我想爲人理解的是我身爲一個人。（頁
234-235）

其深切誠懇的陳述值得我們深思。

隱形的角色：邊陲弱勢的原住民

　　相較於漢人族群，原住民在國家認同的議題上則有不同的
挑戰，更顯得尷尬與被忽視。[18]在這種視角之下，原住民或是
理所當然被視爲被統治者而無發言權，或是被納入臺獨陣營而
只能同意這派的說法，而在日常生活中更需要面對許多刻板印
象。在分析這些尷尬處境之前，需要引用孫大川描摹原住民如
何一步步成爲「黃昏民族」，而筆者曾借用排灣族詩人莫那能
的話：「在自己的土地上流浪」於 2004 年於國際舞蹈研討會發
表論文〈在自己的土地上成爲他者〉，形容原住民的處境。而
孫大川更曾以「黃昏」形容原住民邊陲弱勢的景況：

　　　由於臺灣原住民不用文字，文化的傳承仰賴口耳相傳。
　　十七世紀以降，一波又一波使用文字的民族接踵而來，
　　原住民很快成爲「他者」紀錄的對象。既成爲「對象」，

---

[18] 例如 2024 年 1 月 5 日 BBC 中文新聞網報導：「許多觀察稱，原住民在台
灣很難找到發聲管道及空間，訴說他們對於兩岸政治以及國族認同的看法，
即便是台灣每四年一次的總統大選，有關原住民族議題也時而不在候選人
的主要執政提案中出現。」呂嘉鴻、納迪姆‧沙德（Nadeem Shad）BBC 記
者，〈被忽略的聲音：台灣原住民族如何看待兩岸政治及認同〉
https://www.bbc.com/zhongwen/trad/chinese-news-67879462
擷取日 2024/01/07。

即表示原住民被納入「他者」文化、歷史、政經、知識等等之分類系統。文獻中，明清時期的臺灣原住民，依其漢化程度分爲「生番」、「化番」、「熟番」，這正是原住民污名化的開始。日治時期，假籍人類學田野調查的「科學」知識，不但確定原住民的九族分類，更進一步對原住民各族的語言、音樂、祭儀、社會、工藝及部落分布、遷移等進行研究考察，臺灣原住民因而成了「他者」所界定的學術存在。戰後，國府遷臺，其「山地平地化」之同化政策，徹底瓦解了部落的組織與生活型態，原本的價值體系和主體性遭到嚴重破壞。我青少年時代，親身經歷、目睹了這個民族大崩解的過程，曾用「黃昏」的意象，表達內心的感傷和憂慮。這是臺灣原住民各族精神被屈辱的歷史，也是我們自我救贖的起點。(林志興、巴代5)

原住民的認同也因歷經不同政體而呈現艱苦與混亂的過程，這種荒謬性在小說家巴代的《走過：一個臺籍原住民老兵的故事》最爲傳神。巴代以臺籍原住民老兵陳清山爲本，描繪他在 1945 年因國民黨的「徵工」啟示而被騙至大陸，捲入國共戰爭，進而滯留在大陸 47 年，期間不斷質疑自己究竟是哪裡人？因何而戰？馬翊航在其文章〈戰爭、族群記憶與聲音：論《走過：一個臺籍原住民老兵的故事》〉剖析了原住民的認同糾葛：「在國家統治、文化殖民、現代性的多重力道之下，原住民與國家之間的緊張關係，更遠遠超越了其他族群。」(林志興、

巴代 25）。

　　本書因篇幅所限，僅爬梳個人認為備受成見所苦的兩族群：原住民與外省人，恰好是我個人兩種身分，關於本省族群的認同議題，可參考葉春嬌《國族認同的轉折：臺灣民眾與菁英的敘事》。僅在此簡述，葉春嬌爬梳臺灣民眾認同轉折的過程中，已意識到必須放下過往的成見。她引用音樂學者顏綠芬刊登於自由時報的文章，描述一位本省籍的游同學因為選修顏綠芬的臺灣音樂史課程，而認識到「這片土地上曾經有過仇恨與悲劇的發生……。」（葉春嬌，頁 243）而這些悲劇不僅發生在外省同胞身上，也包括本省籍的音樂家。然而這位同學並未停留在情緒上的反應，而是體認到必須放下仇恨，且「……更積極的去貢獻……因為我希望可以更了解這一片土地上其他人，不分族群。而有朝一日，我辛苦的耕耘，終究會結成美好的果實。」（葉春嬌，頁 244）顏綠芬則是從游同學的心得體會到：「認識歷史、體認彼此傷痛，才能更寬容，也才能弭平被政客刻意強調的族群裂痕。」（葉春嬌，頁 244）

　　而關於本省族群的「成見」，或許是與二二八有關，在此引用臺南神學院神學系陳致均以基督徒的角度如此引用王貞文〈三個基督徒的故事——二二八與苦難〉說法：「談起二二八，實在不是為了向政府或『外省人』討債。只是為了正視隱藏久久的傷痛。」（陳致均，頁 56）而他認為「基督徒應是一個療傷者，神學應是為了醫治受傷的心靈而存在，我們必須誠懇地

面對傷痛，傾聽哭泣聲。」（陳致均，頁 56）[19]

而即使我未直接處理本省族群的認同議題，但下一段要分析的文化因素仍是關乎所有族群，以彌補上述不足。

思想：潛藏的文本

造成上述族群成見其實有潛藏的因素，也就是推動劇情的思想：文化及意識型態。將潛文本浮現至意識層面，就不會「作祟」。我們不時從選舉看見人情結構對選情的影響，人情結構是漢文化深層的運作系統。戲劇以前衛手法揭露傳統戲劇的認同結構（主角的思維就是我的思維），運用在臺灣的認同議題，就可能變成「鄉親的認同就是我的認同」，就連日常生活也不難看見，「我認同的人容不得他人批判」，人際網絡相當左右了個人的認同；又如父母將個人的認同延伸至對子女的期待等等。順著認同的議題將會發現更深層的文化議題：漢民族如何定義個人認同，進而界定與群體的關係，或是反過來看：個人的認同是在群體的位置中建立，若從推動劇情的思想來看，**這思想即是文化中主導人際關係與個人決定的潛藏因素，包括利益的分配，甚至涵蓋同仇敵愾與分擔恩怨。**[20]

漢人害怕被冠上數典忘祖的罪名，其中深層的文化因素很可能在於：漢人的認同建立在人倫上，以忠誠為主。谷寒松分

---

[19] 陳致均（2016）。《李喬〈泰姆山記〉的神學意涵》，台南神學院神學系、所道學碩士論文。

[20] https://www.thenewslens.com/feature/2018-2020/109360 關鍵評論網，參〈一張票、一世情：地方派系之島與嬰兒潮世代的「人情政治」〉2018/12/02。

析：「中國沒有位格觀念，而特別講求人倫，始終生存在一個關係網內。」[21]（頁 125）陳界仁則剖析：

> 在這個現實大背景與後網絡時代的發言風氣下，持不同立場的人，自然會對「異己」採取各種任意性地質疑、批評與嘲諷，或者說，對「異己」進行各種「忠誠檢查」，而這早已是我們每天日常生活中，每分每秒都在發生的事。[22]

楊泰順則將這些現象描述成「壓迫與分化」、「懷疑症候」。[23]而數典忘祖的恐懼也有權力和利益的考量，排除在家族之外如同外人被孤立，無法分享。學者蔡佳怡提到的神鬼人的結構反映著漢人的世界觀與人際觀，若是被視為外人就如同是孤魂野鬼一般無人祭拜，是很嚴重的處罰。這深層的文化脈絡牽動著華人的人際關係。即使臺灣已邁入後現代與全球化時期，祖先崇拜與儒家式的人際網絡仍是重要的價值觀。葉春嬌提出：「……培養有自主意識的公民，是臺灣政治困局的得以解套的藥方之一……。」（葉春嬌，頁 vii）自主意識對照嚴密的漢人人際網絡，會是重要的議題，也形成文化構作過程中興起新文化的主因。

---

[21] 谷寒松《神學中的人學：天地人合一》。光啟文化，2008 增修第四版。

[22] 陳界仁〈國族認同 台灣滿街都是出賣者〉秦雅君採訪整理，典藏藝術網 2018/6/29。https://artouch.com/view/content-2085.html 擷取日期 2019/8/25。

[23] 施正鋒主編，《台灣國家認同》。國家展望文教基金會，2005。

而原住民在弱勢的情況下，是什麼阻礙了其話語權？施正鋒一語道破癥結，牽涉到漢人的人格特質，甚至關乎兩岸的對話：

> 其實，問題不只是在政府不承認原住民的民族權利，癥結更在漢人的沙文主義不願將原住民族當作人類來看待。漢人若是持續拒絕與原住民進行和解，則漢人內部自己三個族群的分歧又如何能化解？臺灣與中國之間的齟齬，又豈有可能調解？終究來看，臺灣應該是由原住民與非原住民的漢人平等組成的國度，而非原住民只是徘徊在邊陲地帶的華人或漢人國家。（2004，頁185）

施正鋒提出的觀點強而有力地凸顯出，以漢人為中心的國家論述有待商榷。

　　除此之外，學理的有限以及學者的意識形態亦左右了認同。例如，「在多族群的社會裡，以族群民族主義為號召是容易播下族群對立與衝突的種子。」（施正鋒，2005，頁 74）沈筱綺則「駁斥學術界流行的『二元』對立（中國 VS 臺灣）的政治學分析模式，並反駁有關外省人都是『中國人認同』、『中國人認同』便等於『反臺灣認同』的刻板論述與印象。」她破解學術界二元論述的盲點，對於造成臺灣民眾各族群之間的不友善難辭其咎：「『中國情』、『臺灣心』的對立真的成立嗎？還是因為學者對中國認同與臺灣認同內涵的誤解，而造成族群之間的社會不信任？」（張茂桂，頁 123）

孫大川更認為，各族群應當某種程度肩負起認同論述的責任：「當然各族群之間都有歷史的恩怨情仇，可是我們把族群或國家論述的東西一昧地交給政治人物去操作，這才是我們最大的悲哀。」（施正鋒，2005，頁 209）這個看法與葉春嬌認為人對自己的認同有獨立責任，是異曲同工。施正鋒更以原住民的議題直接指出學者應負的責任：「我們可以看得學者對世界潮流的懵懵無知、以及面對原住民時表現的知識傲慢。」（施正鋒，2000，頁 174）我們面對的是有感情、有獨立思考能力的活人，不應當以理論削足適履或是為了達到某種目的而以學術包裝意識形態。

　　理論與學術可以成為強而有力的佐證，服務人民，但若凌駕於現實生活，枉顧人的真實經驗，則成為不可理喻的學術霸權。理論是工具，由人操作，因此操作的人必須謹慎，以工具服務人，而非操控人，人永遠大於理論。正如王成勉所述，學術需注意客觀理性等面向：

> 在歷史著作中，常有作者會選取對自己有利的史料來「合理化」、「加強」自己的論點，同時又「輕忽」不同意見的材料，從而把歷史引導到作者自己希望達到的論述。但這種有意、無意的作法，有時反而傷害了歷史的真實性與完整性，也誤導日後歷史的讀者。現今一代歷史研究者的重要使命之一，就是來驗證歷史、回歸歷史。（鄭睦群，頁 i）

人情結構並非全部負面，但若把人情無限放大，是很容易

影響議題而阻礙眞相的追尋。以人情關係等理由束縛住個人，這種潛藏的文化思維才是眞正的主角，找出影響人決定的原因，將能釋放其中的不自由，人得以平安與自由地做出決定。在國家認同的大敘事當中，個人聲音容易被所謂的族群聲音淹沒。然而本章引用的文獻卻提出不同的觀點：標榜民主的現代，可以爲個人的認同提供更多的空間，進而對群體認同有更成熟的關係。[24]

角色對話（語言）

刻板印象是否可能改變？敵意是否可能化解？接下來以各文獻觀點視作互文對話，以「聆聽」國家認同中被不同陣營視爲他者的心聲：「如果我們想要建構一個多元族群的民族國家……起碼的尊重是必要的起步；如果我們能嘗試著去了解對方，將心比心，或許彼此在未來仍有接受對方的可能。」[25]（施正鋒，2005，頁 v）葉春嬌提出以敘事作爲對話的開始：

> 若我們能詳細論述這些蘊藏的認同元素，並嘗試鼓勵讓相互對立的各陣營和社會大眾，盡可能說說自己的認同經驗，並了解不同認同傾向者的情感內涵，如此必定有助於整體社會更同理地相互認識。（葉春嬌，頁 vii）

---

24 參王甫昌：「台灣社會尚未發展出成熟的民主環境中，基於公民身分、不考慮『族群人情關係取向和政治意識型態』的政治對話與溝通型態。在這些發現的基礎上，兩位作者如此結論：『顯然一種較爲態度開放的面對面跨族群的政治對話與溝通，短期內還很難普遍的發生，這對於公民社會的形成存在著一定程度的負面影響。』」頁 8。

25 施正鋒主編，《台灣國家認同》，國家展望文教基金會，2005。

在此之前，需要先了解不容易放下成見的主要原因，是民眾缺乏彼此認識的機會，例如作家平路以外省第二代的身分受訪時這樣描述：

> ……臺灣社會在快速的幾次政黨輪替當中，沒有足夠的時間讓人民彼此了解。……因此解嚴之後，民眾很難好好的相互傾聽。這些不了解可能就浮現在臺灣熱鬧的政治選舉中。[26]

也因此：「本省、外省人之間對彼此身分的觀點和立場，常常是情緒激動的，之所以如此，因為在彼此的觀點中，忽視了對於對方身分的承認和尊重。」（張茂桂，頁64）而我有時把握機會問身邊友人，多數是受過高等教育的朋友，願不願意閱讀文獻或與他者對話來改變自己對他者的印象，結果通常被潑冷水；他們的回答時常帶有憤慨的情緒，有時我真覺得自己認為臺灣民眾願意改變對他者的印象或許太天真。然而即使這是一條不容易的路，總要有踏上的一天，遠勝於原地打轉或倒退。

這更印證平路提到的「相互傾聽」很值得探討，沒有日常討論的習慣，一遇見選舉，關係就更加緊張。在樂觀地希望互相聆聽之前，或許需要先理解阻礙對話的深層心理。葉春嬌認為：「說出個人意見常有可能不被尊重的不安全感……政治又多了情緒與激情的面貌……。」（頁v）

---

[26] 〈台灣「外省人」的身世與「國家」認同〉苒苒・派特森 BBC 中文
https://www.bbc.com/zhongwen/trad/chinese-news-49446125，2019 年 10 月 3 日擷取

孫鴻業則以年輕人的認同為研究對象，他強調他們在成長經驗中：「都因感受到自己和『國』的垂直關係如何被『不自然』的疏離，進而策略地選邊調整，以及，因此而發生的種種內在的不悅、無奈與緊張。」（張茂桂，頁 XII）這些文獻幫助我理解何以身邊的人對認同議題的討論感到緊張，以及直接的討論或許不是唯一的方法，因為會勾起對方的恐懼。而討論認同其實需要整理，對方當下即興式回答不能照單全收。強烈的情緒已然是一種需要解析的文本，透露對於認同本身的焦慮感。間接的方式例如閱讀、觀賞相關主題的影片，參與研討會等方式，讓對方採取距離，能給予思考的空間，或許是較溫和的漸進方式。提及有距離的觀看方式，便與奇異化產生異曲同工的效果。絕對的認同會產生強烈的情緒，占滿心思意念，不容易採取距離而有思考的空間，或許這也是何以戲劇的再現受到歡迎，因為人類可能心知肚明，看出自己就像劇中主角，但因為不被公開點破而感到安全，既獲得情緒的抒發，同時也能有思考的空間。

　　若能有機會了解對方的不容易，而不是急著控訴對方，或許能創造同理的機會，猶如林平所言：

> 我希望本文的讀者能夠以包容的態度看待他們的選擇，因為不是每個人都能在經歷這麼多的顛沛流離之後，還有足夠的意志承擔外界的壓力。在經過這麼多的環境變化後，不管他們做了什麼樣的反應與決定，都應該被尊重，而不應該被貼標籤汙名化。（張茂桂，頁 322）

同理會拉近距離，漸漸化解彼此的誤解，進而建立共識。

電影《街頭日記》中的老師化解學生的對立，讓他們看見彼此有的共同點而化解敵意，甚至團結完成計畫，改變失學的宿命從高中畢業，考上大學。這位老師可說是優秀的領導者，懂得以方法化解宿仇。[27]

奇異化認同：創造新角色、新劇情的可能性

上述討論可見出，認同的泥淖來自於潛文本：文化因素主導人際網絡與意識形態。要鬆動幾千年來可說是如化石般的連結極不容易，除非看見了不一樣的做法以及帶來的好處。本書〈前言〉以史詩劇場以及日劇為例，說明有時奇異化的契機來自於和異文化相遇而產生衝擊，見出自己的有限而向對方學習。在臺灣有別於漢人的認同觀來自於原住民文化。在此有一個弔詭：原住民往往被視為弱勢族群，不具備統治權的他者怎可能是學習對象？其實，這樣的心態長久以來阻礙了「學者與巫」的對話（參〈前言〉）。若能突破上述心態，將誕生許多可能性。魏德聖能創造《賽德克巴萊》是因為他具備獨到的眼光。而其實這部電影的前身是漫畫版，作者邱若龍極為欣賞原住民文化。本書以文化構作的角度提出原住民的族群認同觀，希冀達到奇異化的效果，進而開拓新的認同與可能性。這就必須經由「學者與巫」的對話，產生了視覺文化學者 Nicholas Mirzoeff 所說的：「『兩種或更多遺產形成第三種形式的組合』，就是我所

---

27 參本書第四章〈情緒與認同〉。

155

謂的跨文化。」[28]（頁 32）亦即構作新的文化內涵。

在此以王勁之〈誰是「卑南族」？試論 Pinuyumayan 的身分認定〉爬梳原住民的認同觀，並以大獵祭的狩獵申請為例，說明現行法律對族群認同的僵化條文，以揭露條文之後的意識形態。政府於 101 年 6 月採取新規定，必須在參與祭儀的成員名單附上身分證字號「以便於主管機關進行核對，避免『外人』利用傳統祭儀的時機，趁機混充進行非法狩獵。」（林志興、巴代，頁 79）[29]然而王勁之質疑：

> 難道政府有權可以幫我們決定誰可以參加我們自己的傳統祭儀嗎？部落裡有些是從外族進來的女婿……如果審查之後，竟說他們不是卑南族而不能參加的話，那要怎麼辦？……質疑國家力量過度介入身分認定的權力問題。（林志興、巴代，頁 90）

王勁之進一步指出：

> 在人類學的族群相關研究與討論中早已指出，體質、血緣、語言、甚至文化等客觀因素，並非身分認定的唯一標準……若採用這些列表式的條件來進行族群身分的定義與排除，只是將原生論的種族式定義加以制度化，並不能完全符合臺灣原住民族社會傳統中，對於成員的身分認定法則。（林志興、巴代，頁 97）

---

[28] 遺產在原著英文使用的是 heritage 一字，涵蓋的意義不僅個人世襲的財產，更包含族群流傳下來的文化資產等等。

[29] 王勁之〈誰是「卑南族」？試論 Pinuyumayan 的身分認定〉，《回凝與前瞻：卑南族研究的回顧與展望》。頁 79-109。

他以卑南族聯合年祭為例，解釋臺灣原住民如何認定成員身分：

> 獲邀正式進場參加這場聚會的成員，自然都是屬於在族人觀念中的 Pinuyumayan 成員。換言之，在卑南族聯合年祭現場的這些來自外族的卑南人家眷，既然他們已經是各個卑南族各個部落的成員，當然也就同樣是屬於 Pinuyumayan 成員。……另一方面，這也顯示出參加聯合年祭的卑南族人（Pinuyumayan），並非以國家所認定的卑南族法定族群身分而取得參加資格。（林志興、巴代，頁 102）

王勁之更指出法律條文僵化的主因在於：

> ……近年來臺灣社會因為過度強調族群意識及多元文化的價值，而加強了「文化」本質化的趨勢，進而影響立法的認知觀點。最後則導致法規認定標準的僵化，而無法顧及文化在現實社會生活當中的動態性質，反而造成了新的問題與爭議。（頁 106）

這番說法更讓人警惕，認同與文化本就具有流動性，應當有更具開放與彈性的態度來看待。

接下來以知本部落祖先的流徙與認同敘事，異族成為家人的口傳歷史，闡釋王勁之提到的原住民認同觀，希望能為僵化的認同提出奇異化的觀點。

十九世紀末的知本有 Mavaliw 馬法琉與 Pakaruku 巴卡路固兩大家族，當時屏東排灣族 Ruvaniaw 邏法尼耀家族因原居地發

生瘟疫而遷徙，行經知本時卑南族 Mavaliw 馬法琉家族邀請邏法尼耀家族安居於此，日後與前兩位家族共同成爲該地的三大氏族。[30]這個文本敘述知本人接納異族成爲自家人，甚至共同分享管理土地，成爲後代子孫的共同祖先。[31]這個口傳歷史還有值得繼續詮釋的空間，當時的兩族理當說不同的語言，彼此是如何溝通的，當中成爲三大祖先的過程亦值得研究。以我目前所知，能供奉異族祖先，最後融合爲家人的例子，知本這個口傳歷史有其相當特殊的代表性。[32]同時，也能爲認同提供奇異化的觀點：究竟誰是自己人呢？土地是用來分享而非用來爭奪的。

　　若希望國家認同能有新的劇情發展，角色首先要改變觀念。施正鋒認爲：「我們該努力的是找尋一個新的認同來逐漸消除存在於早住民與新住民之間的矛盾。」（2005，頁71）具體的做法包括把相異視爲資產：「臺灣內部存在著各種不同的族群，這是國家共同的資產。」（施正鋒，2005，頁78）而改

---

30 本節僅簡述重要情節取其精神，詳細歷史以及行經之地名請參 Quack《老人的話》頁 15 & 29 章、曾建次《祖靈的腳步》頁 148-150。

31 對於沒有血緣的人也能成爲親戚，知本部落瑪法琉家族謝東山先生提供一個由他祖母說出的故事，以前卑南族非常有錢，土地很大，需要雇長工，其中有排灣族人，久而久之這些長工也成爲親戚。謝先生曾經很納悶怎麼有太麻里的排灣親戚，經祖母解釋才理解。2023/7/19 謝先生載我去知本機場途中告訴我這個有趣的故事。

32 在 Anton Quack《老人的話》第 29 章提及邏法尼耀家族的祖源來自卑南族。但在曾建次主教所編的《祖靈的腳步》第 41 則故事並未特別註明這點，甚至將標題寫爲「容納外族入域」。汪憲治論文頁 72 提及該氏族前任拉罕陳興福（現任拉罕陳政宗的父親）敘述自己是來自屏東來義鄉的排灣族人。

變是可能的：

> 臺灣的主體性原本是由不同時期的移民在地化之後所
> 建構，這個主體性既然是歷史的產物，當然也必然會向
> 歷史開放，這個主體性將如何發展或定義，將視參與的
> 成員如何參與而決定。這種非支配性的共同參與和創造
> 過程，將更有利於族群間彼此的相互認同，成為國家團
> 結的基礎。（施正鋒，2005，頁 54）

施正鋒提出：「非支配性的共同參與和創造過程」（2005，
頁 266 & 267）即猶如文化構作的過程，以新的觀念取代不再適
用的舊想法，進而成為新的價值觀與文化內涵。葉春嬌則引述：
「從分享彼此的故事做起，可以讓大家漸漸敞開胸懷，欣賞不
同族群的文化之美、走出共存共榮之道。」（葉春嬌，頁 267）
[33]從彼此欣賞，進而互相學習而產生新的文化融合，即是無形
中進行文化構作的過程。

認同還需要有深厚的文化基底。重新整理文化會是很漫長
的路，但卻是重要的路。在此引用孫大川針對傳承卑南文化所
說的兩段話，作為文化構作的重要註腳，這段話適用於任何族
群：

> 藉由研究、書寫或記錄與卑南族相關議題的過程中，我
> 們有機會清點自己丟掉了什麼、又剩下了什麼。這樣的
> 清點工作對一個民族的發展來說是相當重要的，一方面
> 再次釐清自己所站立的文化基石是什麼，同時也才更能

---

33 附錄三 陳順孝的認同轉折故事。

確認自己未來方向該往哪裡去。……只有連結傳統內在根源的實踐，才能在文化展開的過程中，守住民族的主體性；也只有向未來開放，在邁向普遍性的旅程中與「他者」相遇，才能不斷豐富自己的文化。這是民族永續存在的奧祕，也是卑南族歷代祖先一次又一次見證過的事實。(林志興、巴代，頁14)

近二十幾年來，原住民文學的豐碩成果，我們用筆來歌唱，改「他寫」成「我寫」，主體說話了，不再是別人說了算，我們擁有自己歷史文化的解釋權。最後，是學術的，它觸及複雜的民族知識體系之建構，是臺灣原住民民族精神翻轉工程中，最具知識向度的一環。從原住民的角度來說，這是一個全新的經驗，卻也是最具挑戰性的工作。然而，可以確定的是，沒有學術研究的支撐，民族的發展走不寬也走不遠。[34]

孫大川的兩段話落實文化與認同的重要關聯，而學術研究有助於建立文化體系，與文化構作工程環環相扣，成為認同的穩固磐石，不致任憑偏頗論述而風吹草動。

---

[34] 孫大川〈學，敩也：「卑南學」的根源及其展開〉。《回凝與前瞻：卑南族研究的回顧與展望》林志興、巴代主編。耶魯國際文化，2016，頁6。

結論：認同與和平

因為人的憤怒並不成全天主的正義。

——《雅各伯書》一 20

為了瞭解自身的認同我開始讀起文獻，從各方動人的故事發現這些族群可以是我的廣義祖先，他們在這塊土地上付出生命，為認同做出的努力值得尊敬。他們的渴望和我們的有交集，因此產生連結：想要在新的土地上存活下來、被誤解的動機得以澄清、渴望被公道的對待、渴望被認識、正義得以釐清、錯誤得以彌補、故事終被流傳。參照這些文獻產生了另一層意義，不僅具體支持我的論點，更產生奇異化的效果：剝除成見當中的不合理與非人性，了解歷史過程中的恩怨情仇，反而浮現出這些異族祖先的共同心聲，渴望後代子孫重新閱讀；這過程更是除喪：去除負面能量與認知，重新看待土地上的同胞。這些以專業寫出來的生命故事，不應只鎖在學術界的象牙塔中，而應被廣為閱讀，為認同傾注新意。

無論是國家或個人認同，都有一段失落的歷史，我們想找回失落的我，然而不論是真我或理想我，我已經是活在此時此刻真實的我。接受現實能邁向人格與心靈的成熟。活在此時的自己仍能從灰燼找出囂囂光芒。無論是原住民或漢人，歷經被殖民與戰亂，失去了珍貴的文化資產，重創認同，但仍能夠在「失去」的歷史廢墟中開創新的記憶與認同。

美國導演珍妮佛・福克斯（Jennifer Fox）說：「我就是許多人。」（"I am many people."）[35]每個人的身分認同是多元的，不可能僅憑性別、血統、政治、階級等任何單一因素來決定整個人。對原住民而言，的確有時我們是弱勢的他者，但我們更是這塊土地的共同公民。對於漢人而言，在面對國際情勢時身為他者的身分，其實有助於思考自身如何對待國內的他者。在要求國際正義時，要反省如何在國內實踐正義。我們其實都是他者，在對待他人時照映出自己的真相。

　　我曾經以種族歧視的傷害建立認同，不僅左右我對漢人族群的看法，內心更無法平靜。當我重新整理自己的人生腳本，我深切體會到，自己的認同要自己整理，必須驅趕長期以來內化的外來凝視與歧視。（參本書第四章〈情緒與認同〉）這猶如除喪的過程，給予我新的洞見與力量，同時因禍得福，理解臺灣認同紛擾的根源，以及認同與和平的密切關聯。歧視干擾人的內在，以自我厭斥來建立認同，內在將缺少和諧與平安。若是如此，外在和平將是遙不可及的海市蜃樓。臺灣族群延續祖先的恩怨而無法消化，加上彼此歧視，造成現在認同的紛亂，充滿情緒的語言干擾人民理性的對談，從何有和平可言？認同的整合必須先從個人開始。

　　前述幾段我以文獻論述，這裡加上較自傳式的認同經驗，如同葉春嬌說的個人敘事，說明如何走過歧視整理認同，並從

---

[35] Fox, Jennifer. *The Tale*, Q & A.
　　https://www.youtube.com/watch?v=fXqJ9dsFQzY 擷取日 2022/12/20。

個人經驗對照族群認同。一路走來，我身上許多的「異」都和平相處了，我是原住民，也是漢人。我身上的學者與巫是有趣的組合，甚至是融合，以不同的能力豐富我對世界的看法與回應。在我身上沒有誰要當老大、誰要被消滅，一切可以融和共處。因此認同不是狹隘的選擇題，只有二擇一，沒有其他可能性。這種現象是人不懂得如何整合相異性，造成內心的分裂，也對外投射，其實每個人內在都有相異性（參本書第四章〈陰影與認同〉）。認同是對自己負責，不需要對外證明，亦不會強迫他人。人是有意志與情感的主體，不可任由各種理論框架削足適履。因此，愛自己是達成世界和平的重要根基。在諸多理論眾聲喧嘩的世代，為自己在心中保留一塊清淨之地，非常重要。[36]世界和平不需遠求，也不必然僅靠偉大的政治家來改革，每個人在自己的生命中就能為自己實踐這個責任。

　　走入自己的歷史，看見本身的黑暗，更願意釋放對他人的偏見而心生和平。那些更不幸、更為非作歹的人豈不也承受更大的罪惡、打擊，而在某個時間也可能蛻變？天主淨化我十數年，為的是讓我明白和平與正義是為全體人類，正義與和平沒有分別心，無法藏有私心，是普世的價值，光照義人，也光照惡人。（瑪五 45）

　　覺醒之後，過往那些憤慨的能量消失了，取而代之的是深刻而平安的內在和平。為這世界變好，不是去改變別人，而是

---

[36] 參多默・基廷《基督徒的默觀之路》第二十章〈從默觀到行動〉，探討文化制約與個人負責的辯證過程。（頁 152）

先改變自己。從自己生命體會個人的正義，公平地對待自己，擴大到理解族群的正義，以及人類群體的更大正義、共同正義。期盼世界和平，先從最小的單元：個人內心做起，再從家園做起。世界和平未必是突然有一天全世界一起都和平相處了。或許是，但在我們有生之年，我們可以先為自己締造和平，和平的基礎必須建立在彼此的理解與尊重，這是重要的文化構作工程。如今重新回到學術界，更意識到身為教育者在這方面的重要職責。而這方面的能力建構不是一朝一夕的功夫，是從親人與恩師益友身上長期獲得豐沛養分的成果，這些養分背後的動機是愛。

愛通常不是學術殿堂的研究課題，學術界長久以來的理性語言似乎已自動將愛這個議題屏除於外。[37]愛甚至是說不清的議題，有時還顯得陳腔濫調。但是關於「愛」的書寫卻和人類歷史一樣久遠，甚至是流行文化永不退燒的主題。總是以理論見長的學者又能為愛的議題提出什麼新意？若非我提筆書寫本書，也無法接觸到這麼多有益人心的文獻。相信總有不為我們所知的學者將成為當代學術界討論愛的先鋒與奇葩。我將它印證在本地的議題上：不合理的價值觀，不僅造成個人傷害，甚至引起族群衝突，捲入認同紛爭，種種違反愛的意識形態與言行豈不也是重要的文化課題，必須經過檢視反省。

---

[37] 這個現象值得探討，其實關於愛的相關課題遠自亞里斯多德以及先秦時代便有相關理論，卻為大多數學術領域忽略了。可參考成諾蘭〈人我間愛的對待關係——以亞里斯多德、先秦孔孟為探討〉《興大人文學報》44 期，頁 1-38，2010 年 6 月。

許多文獻不「以愛爲名」，但卻爲群族和平撒下種子。這些先驅更新觀點，撫平紛爭，比起以愛爲名的旗幟，更帶來「有愛之實」。我受到這些先驅的啓發，以戲劇學者的角度進行本地的文化研究，寫下認同敘事，戲劇探索的文本不再僅限於舞臺與虛構，更是生活中現實的故事。本書向這些前驅致敬，亦獻上自己的觀點，如同接力賽一樣，將來也有人在愛的課題上接棒傳承。

　　我曾經夢想以學術改善社會，然而當我踏進知本祭場，獻上自己這份心意時，卻在內心聽見迴響：「*愛妳自己就是個大工程。*」十數年之後，當初可怕的工作機器終於理解這句話的意義，愛是很踏實的內在核心，進退有據，能評估一切，身爲老師，在專業知識的根基上，再加上生而爲人的核心：愛就是我的認同。

後記

他以愛所行之路，遠勝我的仇恨可及之處。

——《我的名字叫可汗》

　　知本（卡大地布）部落的祭典開啟我的尋根之旅，認識了我失聯許久的祖靈，更以新的角度認識信仰、認識學術責任。我所經歷的一切讓我見證到人心的力量，以及古老文化對於靈性的尊敬，保留在神話、藝術、文學、祭典中，這是人類珍貴的資產。祭典為我帶來個人生命蛻變的契機，重新認識祖先的文化也是我個人的復活，那孺慕之情活在我的血液深處，使者一呼喊，便喚醒我的排灣靈魂，我也不在自己身上做原漢二分法的切割。若我能在自己身上作到兩種血統與認同的交融，方能理解臺灣兩種民族的交融。

　　我成為有根之人，我的歷史可以追溯至祖先登陸臺灣的時刻，甚至是更遙遠的時代，使我對祖先產生親近的連結，這種傳承是延綿不斷的交棒。「我的羊認識我的聲音。我以妳的名字召喚妳。」現在我以大祖先 Tuku 之名重新生活，為我，這個名字開始有意義、有故事、有歷史、有根據、有感情、有連結。名字為我展開新的意義，歷史不再只有痛苦，而是根源與力量。

　　祖靈喚醒我內在的真我，邀請我走向自由與真實，我因此認識祖靈的真面目：愛。祖靈的召喚是愛的召喚！天主和祖靈

166

攜手編織了奇妙的故事，經過跨文化洗禮、歷經人間知識的我，反璞歸真，發現青鳥就在家鄉等候我。我無法以一本書涵蓋無垠的祖靈世界，我還需要諸多學習，天主和祖靈還在寫一個很有意思的故事，還沒有結局。

參考書目

書籍與論文

丁立偉、詹嫦慧、孫大川《活力教會：天主教在臺灣原住民世界的過去現在未來》。臺北：光啓文化，2004。

三輔陵子《生命中不可缺少的是什麼》，星火文化，2016。

王甫昌〈邁向臺灣族群關係的在地研究與理論：族群與社會「專題導論」〉《臺灣社會學》第四期，頁 1-10，2002 年 12 月。

尤震《聖神的吹拂：祈禱與行動》，臺北：光啓文化，2016。

尤瑞匹底斯《尤瑞匹底斯全集，酒神女信徒／米蒂雅／特洛伊女兒》，呂健忠譯注，臺北：書林，2016。

巴代《卑南族大巴六九的巫覡文化》，新北市：耶魯國際文化，2009。

王勁之〈誰是「卑南族」？試論 Pinuyumayan 的身分認定〉，林志興、巴代主編。《回凝與前瞻：卑南族研究的回顧與展望》，耶魯國際文化，2016，頁 79-109。

成諾蘭〈人我間愛的對待關係──以亞里斯多德、先秦孔孟為探討〉。《興大人文學報》44 期，頁 1-38，2010 年 6 月。

多默・基廷《基督徒的默觀之路》，臺北：上智，2011。

安藤忠雄，《建築家安藤忠雄》，龍國英譯，臺北：商周。

朱侃如譯者序〈英雄歷險的當代意義與啓示〉，喬瑟夫・坎伯《千面英雄》。新北市：立緒，民國 86 年，頁 30。

谷寒松《神學中的人學：天地人合一》，臺北：光啓文化，2008（增修第四版）。

李喬《臺灣人的醜陋面：臺灣人的自我檢討》，前衛，1988。

宋碧雲譯《希臘羅馬神話故事》。臺北：新潮文庫，1986。

林清盛〈阿美族巫醫與現代基督教靈醫〉《原住民巫術與基督宗教》。臺北：光啓文化，2008。

林志興、巴代主編卑南學資料彙編第一輯《回凝與前瞻：卑南族研究的回顧與展望》新北市：耶魯國際文化，2016。

林建成〈邊際發聲－卑南族知本（Katipol）部落的傳統藝術秩序與空間〉。臺東大學人文學報第四卷第一期，2014，頁35-62。

林義鈞，《臺灣國家能力與國家認同之關係》（1990-2000），臺北：秀威資訊科技股份有限公司，2006。

陀沅錄《卑南族歌舞音樂研究－以建和部落與知本部落為研究對象》，臺北藝術大學音樂研究所碩士論文，2009。

金毓瑋《你不可不知的聖神 7+9》，臺北：上智，2023。

金耀基《從傳統到現代》，時報出版，1990。

邱誌勇、許夢芸譯《細讀文化研究基礎》，韋伯，2012。

杭廷頓、伯格《杭廷頓&伯格看全球化大趨勢》，王柏鴻譯，時報文化，2002。

哈瑞森、杭亭頓編著《為什麼文化很重要》，聯經，2003。

拉圖・布魯諾 Latour, B.著，余曉嵐、林文源、許全義譯，2012，《我們從未現代過》，臺北：群學。

胡台麗《排灣文化的詮釋》，臺北市：聯經，2011。

胡國禎、丁立偉、詹嫦慧合編《原住民巫術與基督宗教》，臺北：光啓文化，2008。

洪智偉〈門檻那邊的世界：Pieris 談亞洲教會福傳眞義〉胡國禎、丁立偉、詹嫦慧合編《原住民巫術與基督宗教》，臺北：光啓文化，2008。

柏拉圖《理想國》，臺北：臺灣商務，2009。

施正鋒、邱凱莉主編《轉型正義、基督宗教、解殖民》，花蓮：臺灣原住民族研究學會，2018。

施正鋒《臺灣族群政治與政策》，翰蘆，2006。

施正鋒主編，《臺灣國家認同》。國家展望文教基金會，2005。

施正鋒《臺灣人的民族認同》，前衛，2000。

泰瑞·伊格頓《論悲劇》，商周出版，2021。

倪淑蘭〈戲劇與文化研究：以跨文化互文性作爲初探〉。高雄：中山大學「弄潮：劇場文化、記憶與產業變遷研討會」2022/7/30。

倪淑蘭〈東臺灣南島民族之人觀與生態觀：以神話與當代展演藝術爲例分析其在地發展與全球化之潛力〉。臺東大學「東臺灣環境正義與發展國際學術會議」，臺東大學公共與文化事務學系，2013。

莊元薰、王藍亭〈從符號表意到跨文化溝通：以符號學觀點探討臺灣文創商品的設計和推廣〉，《創新與經營管理學刊》第 9 卷第 2 期（2020 年 12 月），頁 9-21。

馬翊航〈戰爭、族群記憶與聲音：論《走過：一個臺籍原住民老兵的故事》〉《回凝與前瞻：卑南族研究的回顧與展望》林志興、巴代主編。耶魯國際文化，2016。

孫大川〈學，效也：「卑南學」的根源及其展開〉《回凝與前瞻：卑南族研究的回顧與展望》，林志興、巴代主編，耶魯國際文化，2016，頁6。

陳美齡〈卑南族Puyuma（南王）部落喪葬文化的變遷與適應〉林志興、巴代主編卑南學資料彙編第一輯《回凝與前瞻：卑南族研究的回顧與展望》，新北市：耶魯國際文化，2016，頁195-220。

陳文德〈隱藏的神恩：神恩復興運動（聖神同禱會）在卑南族天主教發展之研究〉。《考古人類學刊》第86期，2017，頁139-182。

Quack, Anton原著，陳文德主編《祭師、治療者、薩滿？卑南族卡大地布之巫Pulingaw》中央研究院民族學研究所，民國111年。

Quack, Anton原著，鄧芳青、陳文德主編《老人的話：卑南族卡大地布的歷史敘說》，中央研究院民族學研究所，民國111年。

陳映君《天主教在卡大地布部洛的發展、適應與變遷》，政治大學民族學系碩士學位論文，2018。

陳致均《李喬〈泰姆山記〉的神學意涵》，臺南神學院神學系、所道學碩士論文，2016。

曾建次編譯《祖靈的腳步》，臺北：晨星，1998。

喬瑟夫・坎伯《神話的力量》，朱侃如譯，新北市：立緒，民國
　　104 年。

喬瑟夫・坎伯《千面英雄》，朱侃如譯。新北市：立緒，民國
　　86 年。

張茂桂編著《國家與認同：一些外省人的觀點》，群學，2010。

張玫君（2009）〈「空缺主體」與「陰性情境」：重探臺灣後殖民
　　論述的幾個面向〉。《文化研究》秋季第九期，頁 5-44。

靳菱菱〈西方宗教與臺灣原住民族群認同建構的幾點觀察〉，國
　　科會〈人文與社會科學簡訊〉2012 年 6 月，13 卷 3 期，頁
　　97-105。

葉春嬌《國族認同的轉折：臺灣民眾與精英的敘事》，稻鄉，
　　民國 99 年。

榮格《尋求靈魂的現代人》，龔卓軍譯，臺北：志文，民國七十
　　八年。

榮格主編《人及其象徵：榮格思想精華的總結》，龔卓軍譯，臺
　　北：立緒，1999。

瑪莉路易絲・法蘭茲〈對陰影的認識〉，榮格主編《人及其象徵：
　　榮格思想精華的總結》，龔卓軍譯。臺北：立緒，1999。

鄭睦群《從大中華到臺灣國：臺灣基督長老教會的國家認同及
　　其論述轉換》，政大出版社，2017。

薛保綸《靈魂學》，輔仁大學出版社，民國一百年。

蔡怡佳〈臺灣民間宗教的「調靈訓體」〉胡國禎、丁立偉、詹嫦慧合編《原住民巫術與基督宗教》，臺北：光啓文化，2008，頁 20-45。

盧德。《榮格宗教心理學與聖三靈修》，臺北：光啓文化，2004。

鍾明德〈一個萬人參與演出的「溯源劇場」：目瑙縱歌的身體行動方法（MPA）研究〉「臺灣戲劇研究的回顧與前瞻國際學術研討會」，臺北藝術大學，2014。

鴻鈞譯《榮格分析心理學：集體無意識》，結構群文化事業有限公司，民 79 年。

露絲·潘乃德《菊花與劍：日本文化的雙重性》，遠足文化，2012。

德斯蒙德·屠圖《沒有寬恕就沒有未來》，臺北：左岸文化，2005。

蘇穎智《認識聖靈》，香港福音證主協會，1995。

Ann Gray《文化研究：民族誌與生活文化》，韋伯，2007。

Nicholas Mirzoeff《視覺文化導論》，韋伯文化，2004。

Peter Brooker《文化理論詞彙》，王志弘、李根芳譯，巨流圖書公司，2003。

網路資料

《思高漢英繁體聖經》

　　https://www.ccreadbible.org/chinesebible/TwDouBible

古倫神父介紹 https://tcnn.org.tw/archives/159567、

　　http://101.pct.org.tw/2010life/introduction.aspx

古倫神父 228 禮拜講道

http://www.pct.org.tw/article_apoc.aspx?strBlockID=B00007
&strContentID=C2018050600006&strDesc=Y

〈臺灣「外省人」的身世與「國家」認同〉莤莤·派特森 BBC
中文
https://www.bbc.com/zhongwen/trad/chinese-news-49446125
2019 年 10 月 3 日擷取。

李喬訪談
https://christcom.ning.com/profiles/blogs/5744524:BlogPost:1
3215

呂嘉鴻、納迪姆·沙德（Nadeem Shad）BBC 記者，〈被忽略的
聲音：臺灣原住民族如何看待兩岸政治及認同〉
https://www.bbc.com/zhongwen/trad/chinese-news-67879462
擷取日 2024/01/07

陳界仁〈國族認同　臺灣滿街都是出賣者〉秦雅君採訪整理，
典藏藝術網 2018/6/29。
https://artouch.com/view/content-2085.html 擷取日期
2019/8/25

https://www.thenewslens.com/feature/2018-2020/109360關鍵評論
網，參〈一張票、一世情：地方派系之島與嬰兒潮世代的
「人情政治」〉2018/12/02

林奕含訪談 https://www.youtube.com/watch?v=y7YdDnz-5vg
2019/5/12 擷取

蘇達網頁資料

https://ent.ltn.com.tw/news/breakingnews/4387272；
https://www.u2mtv.com/movie/actor/?a=%E8%98%87%E9%
81%94、
https://zh.wikipedia.org/zh-tw/%E8%98%87%E9%81%94 擷
取日 2024/01/07

Shklovsky, Viktor "Art as Technique"
https://warwick.ac.uk/fac/arts/english/currentstudents/undergr
aduate/modules/fulllist/first/en122/lecturelist-2015-16-2/shklo
vsky.pdf

Wordsworth, William. "Splendor in the Grass"
https://100.best-poems.net/splendor-in-the-grass.html。擷取日
期 2021/12/8

外文資料

Aristotle, *Poetics*. Hackett Publishing Company:
Indianapolis/Cambridge, 1987.

Euripides, (2012). *Andromache, Hecuba, Trojan Women*. Hackett
Publishing Company Inc.

Frost, Robert . *The Road Not Taken：A Selection of Robert Frost's
Poem*. Henry Holt & Co..2002.

Hamilton, Edith. *The Trojan Women* by Euripides.書林，民國 73
年。

Nelson, Robin. *Practice as Research in the Arts. Principles,*

Protocols, Pedagogies, Resistances. Palgrave Macmillan, 2013.

Romanska, Madga Ed. *The Routledge Companion to Dramaturgy.* Routledge, 2015.

Simonson, Rick and Scott Walker, ed. *Multi-Cultural Literacy.* Graywolf Press, 1988.

影音資料

李安《少年 Pi 的奇幻漂流》,美商二十世紀福斯家庭娛樂臺灣分公司,2013。

《桑布伊同名專輯 Dalan 路》,風潮音樂,2012。

詹姆斯‧柯麥隆導。《阿凡達》,得利影視股份有限公司,2012。

魏德聖導。《賽德克巴萊》,中藝國際影視股份有限公司,2012。

《漢娜鄂蘭:真理無懼》瑪格麗特‧馮‧卓塔(Margarethe von Trotta)導演。臺聖發行,2014。

丹尼‧維納勒夫導。《烈火焚身》,2010。

沙魯可‧罕主演。《我的名字叫可汗》,2011,昇龍數位。

宮崎葵主演。《篤姬》,2009,沙鷗。

福山雅治主演。《龍馬傳》,2010 NHK 日本大河劇。

堤真一主演。《豐臣公主》,2012,臺聖。

https://www.youtube.com/watch?v=Id_T0yaERGw
〈日本畫家為臺北松山聖母天主堂繪製「聖母領報」壁畫〉

《遲來的正義》預告片

https://www.youtube.com/watch?v=JchAoENPtn0

Freedom Writers,

https://www.youtube.com/watch?v=AjGIJPE8B8I

Fox, Jennifer. *The Tale*, Q & A.

https://www.youtube.com/watch?v=fXqJ9dsFQzY

國家圖書館出版品預行編目資料

臺灣在地跨文化研究與多元認同 學者與巫的相
對論 首部曲／倪淑蘭著. --初版.--臺中市：白象
文化事業有限公司，2024.04
　　面；　公分
ISBN 978-626-364-300-0（平裝）
1.CST: 臺灣原住民族 2.CST: 多元文化 3.CST:
民族認同 4.CST: 跨文化研究 5.CST: 文集
536.3307　　　　　　　　　　113002993

臺灣在地跨文化研究與多元認同
學者與巫的相對論 首部曲

作　　　者　倪淑蘭
校　　　對　倪淑蘭、陳蕙云
發 行 人　張輝潭
出版發行　白象文化事業有限公司
　　　　　　412台中市大里區科技路1號8樓之2（台中軟體園區）
　　　　　　出版專線：（04）2496-5995　　傳真：（04）2496-9901
　　　　　　401台中市東區和平街228巷44號（經銷部）
　　　　　　購書專線：（04）2220-8589　　傳真：（04）2220-8505
專案主編　陳婷婷
出版編印　林榮威、陳逸儒、黃麗穎、水邊、陳婷婷、李婕、林金郎
設計創意　張禮南、何佳誼
經紀企劃　張輝潭、徐錦淳、林尉儒、張馨方
經銷推廣　李莉吟、莊博亞、劉育姍、林政泓
行銷宣傳　黃姿虹、沈若瑜
營運管理　曾千熏、羅禎琳
印　　　刷　百通科技股份有限公司
初版一刷　2024 年 04 月
定　　　價　200 元

白象文化　印書小舖　出版・經銷・宣傳・設計
www.ElephantWhite.com.tw　PRESSSTORE　f 自費出版的領導者　購書 白象文化生活館